平台生态圈
服务失败溢出效应研究

佘升翔 陈 璟 著

科学出版社

北 京

内 容 简 介

本书在平台情景背景下提出了"顾客—平台—服务者"三元互动关系作为分析的基本单元,在此新范式下分析平台生态圈情景中服务失败的溢出效应,并从心理契约视角深入挖掘其形成机理及影响机制。在平台生态圈中,消费者对平台企业及平台中第三方主体的心理契约在内容上具有独特性。在厘清心理契约内容和结构的基础上,本书进一步考察了心理契约的动态演化,以及服务失败与心理契约破裂的互动如何影响顾客和平台的关系。

本书主要面向管理学与心理学专业学者,尤其是市场营销方向和决策心理学方向的教师、研究生和专职科研人员,主要帮助其了解平台生态圈中服务失败的特异性和消费者的心理认知规律。此外,本书中的管理启示也将对平台生态圈中各经营主体的营销实践起到重要的指导作用。

图书在版编目（CIP）数据

平台生态圈服务失败溢出效应研究 / 佘升翔,陈璟著. — 北京：科学出版社,2023.6
ISBN 978-7-03-075642-8

Ⅰ.①平… Ⅱ.①佘… ②陈… Ⅲ.①电子商务–研究 Ⅳ.①F713.36

中国国家版本馆 CIP 数据核字（2023）第 097703 号

责任编辑：王丹妮 / 责任校对：姜丽策
责任印制：张 伟 / 封面设计：有道文化

科学出版社 出版
北京东黄城根北街 16 号
邮政编码：100717
http://www.sciencep.com
北京建宏印刷有限公司印刷
科学出版社发行 各地新华书店经销

*

2023 年 6 月第 一 版 开本：720×1000 1/16
2024 年 5 月第三次印刷 印张：9 1/4
字数：184 000

定价：98.00 元
（如有印装质量问题,我社负责调换）

前　　言

数字经济时代，平台经济已经成为重要的商业模式。在线商业平台企业打破信息不对称，利用互联网技术和机制链接双边市场用户，为供需双方提供沟通和交易平台，构建以平台为中心的生态系统。但是，在这种新的商业模式下，服务失败仍然是不可避免的普遍性问题，并由于在平台生态圈中的双边互动模式而面临新的挑战。要防范服务失败，并经济、有效地实施服务补救，需要深刻理解消费者的心理，这是平台企业面临的重大挑战。

由广州工商学院商学院佘升翔教授和成都师范学院陈璟教授合著的本书围绕在线平台情景下的服务失败这一核心问题，从心理契约视角整合质化和量化研究手段，综合运用访谈、情景实验与问卷调查等方法展开一系列研究。一方面，本书从平台生态圈情景下独特的"顾客—平台—服务者"三元互动关系出发，聚焦服务失败的溢出效应，深入挖掘异质条件下顾客对服务失败的认知心理规律。考察平台生态圈中服务失败的溢出效应和消费者心理契约，从认知和情感层面系统性地探索服务失败溢出效应的关键影响因素与机理，以及如何有效干预服务失败的溢出效应。另一方面，本书对消费者的心理契约进行了深入探讨，进一步对在线平台情景下消费者心理契约的内容、动态演化及其破裂后果展开研究。随着平台经济的新发展，本书关于心理契约的研究更进一步拓展到直播平台的新领域。

本书将传统的"顾客—企业"二元互动关系扩展为平台生态圈情景下的"顾客—平台—服务者"三元互动关系，从而能够扩展传统的心理契约理论、服务失败及补救理论，有助于加深对平台生态圈商业模式的理解。结合我国现实情景解决这些问题有助于平台企业制定有效的服务战略和策略，从而促进平台生态圈商业模式的良性发展。

著　者

2023 年 4 月

目 录

第一章　绪论 ··· 1
　　第一节　研究问题及意义 ··· 1
　　第二节　本领域研究现状及发展动态 ·· 2

第二章　心理契约视角下的平台服务失败形成机理 ·································· 10
　　第一节　引言 ··· 10
　　第二节　研究假设 ··· 11
　　第三节　研究方法 ··· 13
　　第四节　数据分析 ··· 14
　　第五节　结论与讨论 ·· 16

第三章　平台生态圈服务失败的溢出效应及其特征 ·································· 18
　　第一节　引言 ··· 18
　　第二节　问题提出 ··· 19
　　第三节　平台生态圈三元网络关系及其特征 ······································ 20
　　第四节　平台生态圈服务失败溢出效应的存在性 ······························· 22
　　第五节　平台生态圈服务失败溢出效应的特征 ·································· 24
　　第六节　结论与讨论 ·· 29

第四章　平台生态圈服务失败溢出效应的影响机理 ·································· 33
　　第一节　引言 ··· 33
　　第二节　研究假设 ··· 34
　　第三节　研究设计 ··· 36
　　第四节　实证结果 ··· 37
　　第五节　结论与讨论 ·· 39

第五章　消费者对网约车平台的心理契约 ······ 42
第一节　引言 ······ 42
第二节　理论基础 ······ 43
第三节　网约车平台心理契约量表的编制 ······ 46
第四节　网约车用户心理契约量表的实证检验 ······ 47
第五节　心理契约破裂对品牌关系质量的预测 ······ 52
第六节　结论与讨论 ······ 55

第六章　消费者对外卖平台的心理契约 ······ 60
第一节　引言 ······ 60
第二节　外卖平台企业的特点 ······ 61
第三节　外卖平台心理契约的量表编制 ······ 63
第四节　结论与讨论 ······ 69

第七章　直播观众对带货主播的心理契约 ······ 71
第一节　引言 ······ 71
第二节　直播营销的特点 ······ 72
第三节　直播营销中消费者对主播心理契约的特点分析 ······ 72
第四节　消费者对主播心理契约的扎根研究 ······ 74
第五节　消费者对主播心理契约测量量表的编制 ······ 76
第六节　结论与讨论 ······ 80

第八章　消费者心理契约的动态演化 ······ 83
第一节　引言 ······ 83
第二节　客户关系生命周期 ······ 84
第三节　网约车用户心理契约的动态演化 ······ 85
第四节　直播观众心理契约的动态演化 ······ 87
第五节　结论与讨论 ······ 89

第九章　平台心理契约破裂的后果：忠诚的双刃剑效应 ······ 92
第一节　引言 ······ 92
第二节　研究假设 ······ 94
第三节　研究方法 ······ 95
第四节　实证分析 ······ 98
第五节　结论与讨论 ······ 100

第十章 心理契约破裂的后果：准社会关系的双刃剑效应 ………… 103
第一节 引言 ……………………………………………… 103
第二节 文献综述与研究假设 …………………………… 104
第三节 实验操作与假设检验 …………………………… 108
第四节 结论与讨论 ……………………………………… 118

参考文献 …………………………………………………… 121

后记 ………………………………………………………… 138

第一章 绪 论

第一节 研究问题及意义

平台型企业（如滴滴出行、Airbnb、淘宝、抖音等）凭借其创建的交易机制、运营技术和共同语言对双边市场进行高效整合，构建出以平台为中心的服务生态系统。平台经济中多方参与者共同构成的生态系统日益成为新型网络经济中主流的服务资源集成与运营模式。然而，作为困扰传统企业的老问题，服务失败仍然是新兴平台型企业难以摆脱的魔咒。考虑到独特的双边互动模式，服务失败使平台型企业面临不一样的挑战。服务补救始终是恢复满意、保留顾客、强化平台竞争力的不二法宝，而经济、有效地实施服务补救需要对平台环境下的顾客心理进行深刻的洞察。

平台生态圈服务的独特之处在于其涉及相互依赖而又彼此独立的平台企业和众多服务提供者。其中，平台企业作为集成商将零散的服务者整合到自创的信息系统中，而顾客通过平台提供的信息系统定制服务，再由特定服务者（如网约车司机、民宿房东、线上商铺等）与顾客接触、传递服务。鉴于服务失败难以避免，如果服务失败的直接原因在于服务者，那么顾客是否会恨"乌（服务者）"及"屋（平台）"，从而损害顾客与平台的关系？如果这种服务失败的溢出效应确实存在，那么为什么会出现溢出效应？平台该如何应对服务失败的溢出效应？要回答这一系列问题，就必须深入分析平台生态圈情景下独特的"顾客—平台—服务者"三元互动关系，并深入挖掘异质条件下顾客对服务失败的认知心理规律。

传统服务失败研究的基本单元是"顾客—企业"二元互动关系，但随着网络环境下平台企业的兴起，服务的获取、接触与传递涉及"顾客—平台"、"顾客—服务者"及"平台—服务者"的多方互动。基于网络的平台企业连接两个或多个特定群体，开启了多边市场间从未被挖掘的功能，打造出以小前端、大平台、富生态为特征的平台生态圈（李雷等，2016）或服务生态系统（Vargo and Lusch，2016）。在此新商业情景下，我们认为必须以"顾客—平台—服务者"

三元互动关系作为分析的基本单元,在新范式下研究平台生态圈情景中的服务失败及服务补救问题。此外,尤其需要关注顾客与平台之间的心理契约,并考察顾客与平台的关系是如何受服务失败和心理契约违背(psychological contract violation,PCV)的互动影响的。因此,本书研究将在既有文献和理论的基础上,整合质化和量化研究手段,综合运用访谈、情景实验与问卷调查等方法研究平台生态圈中服务失败的溢出效应,系统性地探索以下研究问题:平台生态圈用户如何感知平台企业在服务失败中的责任和义务?服务失败溢出效应的关键影响因素和机理是什么?如何有效干预服务失败的溢出效应?对这些问题的理论探索能够扩展传统的心理契约理论、服务失败及补救理论,加深对平台生态圈三元互动关系的理解,并从多学科角度丰富和发展服务营销学科领域。在现实情景中解答以上问题有助于平台企业制定有效的运营战略和服务策略,促进平台商业生态圈的良性发展。

第二节 本领域研究现状及发展动态

一、网络平台服务管理研究

随着信息通信技术对服务业内部结构升级和产业融合的推动,"网络平台"独特的运营管理模式引起了学术界的关注。Armstrong(2006)将平台视为具有网络外部性的两个市场主体之间交互的媒介。除了网络外部性外,平台服务的商业模式会具有资源整合性、功能性、协同性和衍生性等特征(华中生,2013)。尽管平台服务在以信息网络技术为基础的新经济中日益成为主流的服务资源集成与运作模式,但长期以来,关于平台服务的研究主要集中在考虑网络效应的双边市场定价、竞争策略与均衡经济分析等方面(Albuquerque et al.,2012;郑昶和徐晓燕,2012;纪汉霖,2011;曹俊浩等,2010;张凯和李向阳,2010;李泉和陈宏民,2009;程贵孙等,2009;Sun and Tse,2009;Armstrong and Wright,2007;朱振中和吕廷杰,2007;Economides and Katsamakas,2006)。

与制造型企业相比,网络环境下的平台企业在运营管理方面的新特征已经超越了传统供应链理论的阐释能力。平台企业并非仅提供简单的渠道或纯粹的中介服务,它更像拥有强大吸引力的旋涡,开启了多边市场间从未被挖掘的功能,从而打造出成长潜能强大的"平台生态圈"(李雷等,2016)。依据服务主导逻辑(Vargo and Lusch,2016,2008,2004),"平台生态圈"就是"服务生态系统",即不同的社会性和经济性行动主体基于自发感应和响应,根据各自的价值主张,以平台企业所构建的机制、技术和共同语言为依托,为了资源共享、价值共创而进行互动的松散耦合型时空结构。根据平台企业连接群体数量的不同,可以将平台生态圈分为双边和多边两种基本模式(陈威如和余卓轩,2013)。其中,双边模式是最基本的形式,平台企业构建的机制促使双边市场相互吸引,相互获益,在此过程中实现平台生态圈规模与价值的同步增加,代表性平台如早期的淘宝网、携程旅行及滴滴出行、途家等新锐平台。

平台生态圈已经在现实经济中表现出巨大的能量,取得了瞩目的成就,但是平台生态圈作为网络经济下新兴的商业模式,本身还处于不断进化阶段,关于平台服务模式的管理学研究还比较少。简兆权和肖霄(2015)采用案例研究法分析了携程的商业模式,解析了平台生态圈服务创新和价值共创的机制及要素。李雷等(2016)基于平台生态圈生命周期的视角,为平台企业构建出与生命周期各阶段特征相匹配的运营策略。过去的研究指出了一些关键的科学问题,如平台顾客的决策行为、平台品牌、平台服务的协调与优化、平台服务的质量管理(华中生,2013)。

长期以来,服务营销研究一直聚焦于"顾客—企业"二元互动关系,但是在平台生态圈情景下,二元互动关系作为基本的分析单元已经不能满足研究和实践的需要,应该从"顾客—平台—服务者"三元互动关系视角来研究。然而,目前学界对平台生态圈情景下"顾客—平台—服务者"的三元互动关系还缺乏研究。

二、服务失败的研究

服务产品的无形性、异质性、生产—消费的同步性和易逝性等属性决定了服务失败的普遍性与不可避免性。从 20 世纪 80 年代开始,服务失败开始引起学者的关注。研究者在定义服务失败的基础上,围绕服务失败的原因、分类及对消费者的影响进行了理论与实证方面的探讨(Cambra-Fierro et al.,2015a;Maxham and Netemeyer,2002;Johnston and Hewa,1997;Bitner et al.,1994,1990)。21 世纪初以来,服务失败问题也引起了国内学者的关注,其结合中国情景和文化开展了一系列研究(妥艳媜等,2014;钟科等,2014;杜建刚和范秀成,2012;肖丽和姚耀,2005;范秀成和刘建华,2004;范秀成,2002)。

服务失败的简要定义是造成顾客不满的服务接触情景(Hays and Hill,2001)。Bitner 等(1990)认为服务失败可能发生在许多方面,如企业无法提供顾客所要求的服务、服务未能依据标准作业程序执行、服务交付延迟或核心服务低于可接受的标准等。服务失败可能会发生在顾客与服务提供者的任何接触时间,因此服务失败类型可以归纳为结果型失败和过程型失败。结果型失败主要是指企业在核心服务上的失败,而过程型失败则是指支持核心服务的传递服务过程有瑕疵（银成钺和徐晓红，2011；Mohr and Bitner，1995）。国内外绝大多数研究关注服务失败给顾客造成的功利性损失，如金钱、时间、商品等经济上有形的资源损失，也有一部分研究认识到象征性损失的重要性，如地位、尊敬、同情等无形的心理和社会资源损失。

  当服务失败发生后，顾客会努力寻找失败的原因。归因是通过观察某个事件（如服务失败）而推断原因的事后推理过程（Weiner，1972）。归因理论源于组织行为学，是一种推测个人如何去解释外部事件、思考外部事件与自身行为之间关系的理论。Folkes（1984）首次将归因理论应用于顾客与服务失败的研究，自此归因理论成为研究服务失败的基础理论。Weiner（1985a）认为服务失败归因可以分为归属性、可控性和稳定性三种。归属性是指失误的造成方是谁；可控性是指失败的发生是否可以控制；稳定性是指失败的发生是偶然的还是常态的。研究发现，服务失败的不同归因影响顾客满意度和消费后行为（胡瑶瑛等，2016；万君等，2015；Swanson and Kelley，2013；Grewal et al.，2008；宋亦平和王晓艳，2005）。

  服务补救是服务失败的逻辑延伸，能够缓解服务失败对企业形象和口碑造成的负面影响，对于恢复"顾客—企业"关系具有重要作用，因此得到了广泛的关注。Gronroos（1988）最先在顾客抱怨情景下提出服务补救的概念：企业应对服务失败而采取的措施，涉及服务失败出现后为了修正、改善和弥补损失而进行的所有活动和努力。学术界大致将服务补救分为两类，即应对顾客抱怨的狭义服务补救和管理服务失误的广义服务补救。后者更强调对服务系统可能导致服务失误的环节进行补救，因而是企业管理服务失误的前瞻性行为。Tax等（1998）从管理的过程出发界定服务补救，认为服务补救是企业发现服务失误、分析失误原因、对服务失误进行评估并采取恰当措施予以解决的管理过程。在这个过程中，服务企业可以选择使用多种服务补救策略达成补救目标。

  关于服务补救的类型，研究者区分了主动补救和被动补救（Smith et al.，1999）、结果补救和过程补救（Gronroos，1988）、经济补偿和符号补偿（彭军锋和景奉杰，2006）、功利性补偿和象征性补偿（杜建刚和范秀成，2007a）。研究表明，各种补救策略（如财务补偿、道歉、解释、礼节等）都有助于纠正服务失败（Bambauer-Sachse and Rabeson，2015）。服务补救的直接目标是恢复顾客满意，阻止负面口碑传播（Casidy and Shin，2015），长期目标则是发展更为深远的企业—顾客关系和树立企业形象（Mostafa et al.，2015），而成功的补救甚至可以让顾客变得比服务失败之前更为满意、更加忠诚（Gohary et al.，2016a）。已有大量证据显示，服务补救对顾客的补救后评价和补救后行为有重要影响（简兆权和柯云，2017；Lopes and Silva，2015；谢凤华，2015；刘汝萍等，2014；Nikbin et al.，2013；杜建刚和范秀成，2012；Huang and Lin，2011；

钟天丽等，2011；杨学成等，2009；Maxham and Netemeyer，2002）。

由于情景的差异性，针对不同服务情景进行实证研究显得尤为必要。现有研究基本覆盖了常见的服务情景，如酒店住宿（Park and Ha，2016；傅慧等，2014；Xu et al.，2014）、商店购物（Vázquez-Casielles et al.，2016）、餐饮（岳英等，2014；唐小飞等，2009；张圣亮和张文光，2009）、旅行社（陈国平等，2012）、航空旅行（Roggeveen et al.，2012；陈可等，2011）、长途巴士（Gohary et al.，2016b）、电信服务（金晓彤等，2009）、自助技术服务（Zhu et al.，2013）。随着互联网的普及，电子商务环境下的服务补救正在得到越来越多的关注（简兆权和柯云，2017；王增民等，2015；Jasper and Waldhart，2013；阎俊等，2013；秦进和陈琦，2012；马双等，2011；常亚平等，2009；Holloway and Beatty，2008；Hackman et al.，2006）。现有研究指出了在线补救和离线补救的区别（Bijmolt et al.，2014），但是这些针对电商情景的研究仍然聚焦于"顾客—企业"二元互动关系，没有考虑基于平台的三元互动关系。

尽管在服务失败及服务补救领域存在大量研究，但很少有研究关注服务失败如何影响"顾客—公司"关系（Sousa and Voss，2009；Holloway and Beatty，2008）。此外，现有研究绝大多数采用的是"顾客—企业"二元互动关系范式，其分析过程与结论均来自对服务提供者与顾客间一对一直接互动的探讨。随着平台生态圈的兴盛，为顾客提供服务的不再是单个服务提供者，而是既互相依赖又独立的平台和服务者。平台和服务者之间的独特关系使得服务失败的归因及其影响变得复杂，但目前还未见研究触及平台生态圈中的"顾客—平台—服务者"三元互动关系。

三、服务失败及补救的影响机理

（一）公平理论

学术界借鉴社会学和心理学领域的研究成果对服务补救的影响机理进行了深入的研究。消费者在服务失败后受到功利性或象征性损失，通常会感知到某种程度的不公平，而服务提供者试图通过补救行为弥补顾客的损失，使其恢复到公平状态。基于社会交换理论，服务失败和补救可以理解为一次特殊的交换过程。在服务补救的研究成果中，多数学者采用公平理论来阐释这种关系，并已成为服务补救研究的主流范式（Smith et al.，1999；Oliver and Swan，1989）。

国内外服务补救文献对感知公平的研究集中在分配公平、程序公平、交互公平三个维度上。各种服务补救情景下的研究揭示了感知公平各维度与顾客满意、忠诚、重购意向/行为、支付溢价、口碑等补救绩效变量的联系（Cheung and To，

2016；Park and Ha，2016；张初兵等，2014；Wen and Chi，2013；阎俊等，2013；秦进和陈琦，2012；赵占波等，2009；Dewitt et al.，2008；Maxham and Netemeyer，2002；McCollough et al.，2000；Tax et al.，1998）。有学者在网络购物情景下提出了感知公平的第四个维度——信息公平，即通过充分的沟通解决网络购物中的信息不对称问题，研究验证了其对于补救满意的关键作用（Gohary et al.，2016a）。

（二）心理契约理论

契约在交易关系中至关重要，它包括两个关键成分：法律契约和心理契约。心理契约的研究最先出现在组织行为领域中，它是指以承诺为基础的义务或责任观（Rousseau，1989，1995）。心理契约包括多个不能正式写到法律契约中的感知方面，因此心理契约远比经济契约和法律契约宽泛。现有心理契约研究主要集中在组织行为领域，学者们都认为心理契约对理解组织行为具有重要意义（刘军等，2007；陈加洲等，2001；Morrison and Robinson，1997）。在营销领域中，已有学者开始探讨心理契约的意义，但总体研究较少（冯颖如和程新伟，2017；Malhotra et al.，2017；Montgomery et al.，2017）。Roehling（1997）指出，虽然心理契约概念最初是用来描述雇员的工作关系的，但它现已一般化地用来描述许多关系，如房主和租户之间的关系、咨询师与客户之间的关系，这些都属于营销关系的范畴。Blancero 和 Ellram（1997）指出，由于"雇员—雇主"情景中的实证文献验证了在组织关系中发展出心理契约，故可以预期心理契约也将在营销关系中出现，而且具有扩展的性质。

心理契约的形成受外部因素和顾客自身因素的影响（冯颖如和程新伟，2017）。外部影响因素分为社会因素和商家因素。社会因素主要包括商家的口碑、行业的标准、社会的规范和相关的行政法规。商家因素主要是指商家不成文的、隐性的服务保证和承诺，这些服务保证和承诺会影响到顾客心理契约的形成。顾客自身的影响因素会依据顾客自身的异质性而有所不同，但大致包含顾客的价值观、知识经验和沟通控制。

（三）心理契约违背

心理契约理论文献表明心理契约违背不可避免。当关系中的一方感知到另一方没有履行承诺的义务时，心理契约违背就发生了。在组织行为领域，Morrison 和 Robinson（1997）认为心理契约违背是员工由于感受到组织未能充分履行心理契约责任而产生的一种情绪状态，是包含了失望、气愤、不公平、被背叛等负面情绪在内的一种情感体验。在营销情景中，Pavlou 和 Gefen（2005）将心理契约违背定义为顾客对商家没有实现交易协议条款中的责任的感知。阳林和李青

(2008)认为心理契约违背是交易一方认为对方没有履行或没有完全履行诺言而感知到自己被欺骗或在感情上受到伤害的行为。心理契约违背在基于网络的平台生态圈服务情景中非常普遍,因为顾客和服务者很少接触,服务者缺乏专业性,而平台对服务者的约束也是有限的,加之双方对契约义务的理解可能存在不同。由于顾客行为主要受到心理契约感知的引导,心理契约违背是理解"顾客—平台"关系的核心。

在组织行为学中,Morrison 和 Robinson(1997)在其心理契约违背发展模型中指出,组织无力或不愿意履约和交易双方对心理契约内容理解不一致是影响雇员感知心理契约违背的两个主要因素。李原和孙健敏(2006)在该基础上指出心理契约违背的根源为企业无力兑现、有意违背或双方理解歧义。汤发良和阳林(2011)以旅游服务业为对象,实证研究了服务管理行为对顾客感知心理契约违背的影响,发现企业的管理沟通、服务公正和服务营销管理实践活动对顾客感知心理契约违背具有正向或负向的影响。

在现有研究中,心理契约违背通常作为前因变量用以分析其对员工或顾客心理与行为带来的影响。组织行为学领域的大量研究已证实,心理契约违背对员工和组织双方都会产生极大的负面影响,具体包括低组织承诺、低工作满意度、低工作绩效、高离职率等。在营销领域,研究者发现心理契约违背削弱了顾客对商家的信任,降低了满意度,并最终影响顾客与商家的关系质量(Malhotra et al.,2017)。

(四)服务失败和心理契约违背

由于心理契约违背能够伤害顾客和企业的心理纽带,故心理契约违背可能能够更好地解释服务失败如何影响"顾客—企业"关系。尽管不公平与心理契约违背的关系得到了研究(Fang and Chiu,2014),但从心理契约理论视角研究服务失败的研究还非常缺乏(Malhotra et al.,2017),特别是在平台生态圈情景下的相关研究尚未见到。鉴于组织行为领域的研究已经确认心理契约违背对于组织关系有着破坏性的影响,并且有文献认为服务失败和心理契约违背是紧密相关但又不同的概念(Goles et al.,2009;Wang and Huff,2007),因此服务失败中心理契约违背的研究就显得非常重要。

服务失败是不愉快的服务接触导致顾客不满意。虽然顾客理解并且可能愿意接受服务失败是不可避免的,但当责任直接归因到服务者时顾客会体验到心理契约违背。因此,在买—卖关系中,当买方感知到因卖方的失败违背心理契约时,心理契约违背就产生了。心理契约在本质上是一种承诺,它不同于期望,现实的和感知的期望未被满足都将导致心理契约违背。因此,即使显性的契约规则没有被违背,买方也可能感知到心理契约违背。另外,即使某些义务被违背了,买方也可能没有感知到心理契约违背(Hill et al.,2009)。文献表明那些意味着背叛感的卖方行为更常导致买方的心理契约违背感知（Goles et al.，2009）。因此，心理契约违背比未被满足的期望有着更为强烈的后果，因为买方反应的激烈程度不仅归结于对利益期望的未被满足，还受到个人尊敬、行为规范及关系导向的行为模式等更一般的信念的影响。由于网络环境中的顾客行为主要受到心理契约违背主观感知的引导，理解心理契约违背如何影响顾客忠诚至关重要。相较于传统服务，电子服务尤其如此。鉴于信任和满意被认为是成功的电子商务 B2C（business to customer，企业对消费者）关系的两个关键因素，它们能够直接影响消费者的再惠顾意愿，故心理契约违背如何影响信任和满意值得进一步关注。

（五）心理契约违背和服务补救

当顾客感知到心理契约违背时，企业若能够恰当地进行服务补救，顾客忠诚度的降低程度就会减少，甚至会增加顾客忠诚度。不同的学者给出了不同的服务补救建议。梁文玲和刘燕（2014）认为服务补救应该从事前沟通、道歉、补偿、响应速度和事后反馈五个策略进行，每个策略的作用有所区别，使用情景不同，并且起的调节作用也不尽相同。

岳英等（2014）从顾客对服务失败的感知要素上进行分析，构建了顾客服务补偿期望层次结构。其中，服务失败感知包含有形服务、服务响应、服务公平及规范、交往尊重和互惠发展五个要素，顾客服务补偿期望包含属性层、结果层和目的层三个层次，每个层次又包含不同的维度，如目的层包含经济补偿期望和精神补偿期望。綦恩周和张梦（2015）在研究中发现，信息分享、责任行为和人际互动这三个顾客参与维度对服务补救质量有正向影响，并以中介作用影响心理契约和服务补救质量感知。

心理契约是从对互惠义务的相互期望演进而来的，而社会交换理论中的互惠原则是其核心基础。根据这种互惠原则，我们可以将心理契约转移到其他涉及互惠交换的情景中，如基于网络平台的服务消费情景。根据 Rousseau（1990）对心理契约的狭义观点，在平台生态圈中，我们将心理契约概念中的雇员与雇主主体置换为顾客和平台企业，并突出顾客对平台—服务者互动的感知。平台生态圈顾客的心理契约就可以理解为顾客对自己与平台企业之间互惠义务的感知和信念。本书研究关注的是顾客在遭遇服务者服务失败后，对平台企业补救义务或责任的感知，故本书关注的心理契约是顾客对企业许诺的代替服务者进行补救的义务或责任的感知及信念。

四、研究发展动态

从文献综述可以发现服务失败及服务补救是服务营销界极为关注的问题。然而，国内外相关研究基本上都是聚焦于"顾客—企业"二元互动关系。虽然有少量研究注意到二元互动关系范式的不足，在服务失败研究中考虑了供应链其他企业成员（银成钺和徐晓红，2011），并指出三元互动关系应当是研究网络环境下成员之间交互关系的基本单元（曹智等，2011），但是这些研究并没有涉及平台生态圈中独特的"顾客—平台—服务者"三元互动关系。平台生态圈中的三元互动关系不同于传统的直线式供应链关系，平台和服务者之间的松散耦合关系及其非对称性决定了不能用传统理论来解释和指导平台生态圈中的服务补救策略，因此必须研究新的"顾客—平台—服务者"三元互动关系范式。平台企业及平台生态圈服务管理已经引起了学术界的关注（李雷等，2016；华中生，2013），但是平台生态圈情景下的服务失败、服务补救及其影响机理还非常缺乏研究。

文献综述表明，心理契约在组织行为学领域中具有强大的解释能力和管理含义，但从心理契约理论视角来考察服务失败的研究还非常缺乏，迄今只能找到两篇营销领域的国际期刊论文（Malhotra et al.，2017；Montgomery et al.，2017）。这些研究揭示心理契约违背对"顾客—企业"关系的显著影响（Malhotra et al.，2017），并与品牌关系存在交互作用（Montgomery et al.，2017）。国内相关研究也很少。平台生态圈是最近几年产生的新商业模式，平台企业还处在不断试错、迭代的发展过程中，消费者对平台企业的认知也比较有限，特别是在平台的责任和义务感知上存在较大的分歧。在这个背景下，心理契约理论为理解平台生态圈中的服务失败溢出现象提供了一个关键视角。

现有研究的重点是揭示服务失败情景下心理契约违背、顾客心理状态及品牌关系这些概念之间的影响机理，但关于如何减轻心理契约违背的负面作用还所知甚少，而这是网络平台环境中的一个兼具实践和理论意义的问题。尽管有研究表明，服务保证、服务承诺、顾客选择、品牌个性这些干预策略对负面的顾客体验有着弱化作用（Malhotra et al.，2017），但这些研究主要发生在传统服务情景中，没有研究在平台生态圈情景中实证考察主动式补救策略如何调节心理契约违背对服务失败溢出的影响。由于平台企业无法完全控制顾客的服务体验，当平台生态圈中的第三方服务提供者出现服务失败时，平台企业代替其进行补救的成本巨大，故主动式补救策略更有现实意义。

在研究方法上，现有服务补救研究主要使用情景实验研究方法，实验研究有一系列优点，如低成本、内部一致性好、不存在伦理问题，故得到国内外学者的广泛运用，但是实验研究的生态效度存在天然的缺陷，并且现有研究大多以在校大学生为样本，因此限制了结论的推广。进一步研究应该结合多种研究方法，如访谈、情景实验、问卷调查及现场实验，并将样本扩展到各个层面的消费者，以获得更有一般性和生态有效的结论。

第二章 心理契约视角下的平台服务失败形成机理

第一节 引 言

在服务行业中，服务产品的无形性、异质性、生产—消费的同步性和易逝性等属性决定了服务失败是不可避免的，服务失败的产生及后果也一直是服务营销研究的热点。相关研究主要关注不同类型服务失败的影响（彭军锋和汪涛，2007；Bitner et al., 1990），归因于对服务失败严重性的感知，缺少从消费者心理契约的角度来探讨在服务中出现的问题如何转化成服务失败的研究。某个服务事件即便使顾客产生了损失，但是顾客一定会认为这是服务失败吗？试想一下，某个上班族 A 急于预约网约车去公司，但是该时段网约车供不应求导致其等待了很长时间，最终导致迟到。从心理契约的角度来看，该事件不一定属于服务失败，因为该上班族可能并没有认为网约车有义务或者有承诺提供及时的服务。反之，如果另一个上班族 B 相信该网约车公司有"随时约车、随时接驾"的承诺，那么该事件对他来说就属于服务失败。因此，同样的事件对不同的顾客有可能产生完全不同的影响，这取决于顾客对与特定事件有关的心理契约内容的理解。

现有研究发现消费者对企业存在心理上的契约（梁文玲和刘燕，2014；罗海成，2005），一旦心理契约未被履行，心理契约破裂（psychological contract breach，PCB）将从根本上伤害基于心理契约而形成的"顾客—企业"关系。从心理契约理论视角研究服务失败作用和影响的研究还非常缺乏，特别是在网络平台情景下的相关研究尚未出现。紧密相关的服务失败与心理契约破裂并不完全相同（Goles et al., 2009；Wang and Huff, 2007）。服务失败是令顾客不愉快、不满意的服务接触，使得顾客期望未被满足。顾客对服务主体的心理契约将决定特定服务事件是否会导致心理契约破裂。心理契约是顾客感知到的与企业的一种约定，它不成文地概括了双方对彼此的义务和责任（Conway and Briner，2005）。某种服务事件只有在触及顾客心理契约内部的某个方面时，才可能对顾客构成明显的负面刺激。因此，即使服务事件没有违背显性的契约规则，顾客也可能感知到心理契约破裂。另外，即使服务事件违反了某些特定的契约规定，顾客也可能没有感知到心理契约破裂。此时，顾客更能够从内心理解、原谅服务者，因此即使有短暂的不愉快，但依旧会保持对服务者的忠诚。

网约车从无到有，经过几年爆发式的增长，也将由"乱象"进入规范发展之中。和传统的企业一样，保留用户、提升用户忠诚度仍然是新兴的网约车平台企业关注的焦点。然而，在现实中频频发生的网约车服务失败事件正在损害用户体验和忠诚度，在此背景下，探讨网约车服务失败问题就显得非常有现实意义。由于网约车是新兴的、基于移动互联网的服务组织形式，人们对其服务标准和服务承诺尚未形成普遍的共识。对于特定的服务事件（如网约车涨价），有的用户可能认为不在其心理契约之内，而有的用户可能认为在其心理契约之内，这就为考察服务失败形成的心理机制提供了合适的情景。现有研究对营销情景下用户的心理契约有所触及，但缺乏从心理契约视角来理解服务失败的形成机理。基于此，本章研究的首要目的在于从心理契约视角来重新审视服务失败。具体而言，本章研究通过情景实验模拟网约车服务事件，然后操控网约车用户的心理契约内容，从而推断服务事件如何发展成服务失败事件。本章研究有助于更深刻地理解服务失败和顾客心理之间的交互影响，为网约车平台更精准有效地进行服务补救提供科学依据。

第二节　研　究　假　设

顾客和商家之间除了存在有形的经济或法律契约之外，还存在无形的心理契约，如果企业违背这种无形的心理约定将给"顾客—企业"关系带来严重的后果。参照 Rousseau（1989）的定义，本章研究认为网约车用户心理契约是指用户对平台许诺的义务或责任的感知或信念。

Malhotra 等（2017）的研究指出服务不当事件在心理契约中会导致心理契约破裂，心理契约破裂之后会产生心理契约违背。在组织行为学中，心理契约破裂是个体对组织未能充分履行心理契约责任的一种认知状态，而心理契约违背是个体由于感受到组织未能充分履行心理契约责任而产生的一种情绪状态，是负面情绪在内的一种情感体验（Morrison and Robinson，1997）。心理契约破裂和心理契约违背的本质区别体现在发生时间上的先后，即先对组织未能履行组织契约内容产生认知（心理契约破裂），然后经过解释过程产生失望、气愤等情绪上的反应（心理契约违背）（Morrison and Robinson，1997）。在营销情景中，学者们对于心理契约违背的定义同样体现为消极情绪体验（阳林和李青，2008；Pavlou and Gefen，2005）。如果网约车服务不当事件在用户心理契约之内，那么用户就会感知到心理契约破裂。如果网约车服务不当事件在用户心理契约之外，那么就不会导致心理契约破裂。由于用户行为主要受到心理契约感知的引导，故心理契约破裂与否成为理解服务失败的核心问题。如果用户感知到心理契约破裂，伴随的心理契约违背将导致消极情绪的产生。此外，从信任的基本定义来看，信任是消费者认为商家能够履行他所理解的交易义务的主观信念（Kim et al.，2009）。由于信任是基于对另一方能够如期望那样行事的信心，心理契约破裂也有可能导致信任的降低或丧失。心理契约破裂将引发用户心中的疑虑，开始怀疑网约车平台与用户建立并维系互惠关系的初心。因此，心理契约破裂可能会破坏用户对网约车平台企业的信心，导致忠诚度下降。基于以上分析，我们认为网约车服务事件如果伴随心理契约破裂会导致用户产生更强烈的消极反应，故提出如下假设。

H2-1a：如果服务事件在心理契约之内，相比于在心理契约之外，顾客对网约车平台的消极情绪更强烈。

H2-1b：如果服务事件在心理契约之内，相比于在心理契约之外，顾客对网约车平台的信任更低。

H2-1c：如果服务事件在心理契约之内，相比于在心理契约之外，顾客对网约车平台的忠诚度更低。

情绪评价理论认为情绪是个体在一定环境下对某一事件认知评价结果所产生的心理状态（Bagozzi et al.，1999）。消费者对服务失败的认知评价可能会引发消极情绪反应。杜建刚和范秀成（2007a）从社会交换理论解释了服务失败后的"入不敷出"感会使消费者产生消极情绪。此外，消费情景中的不公平感会影响顾客情绪（Rust and Oliver，2000），服务失败后顾客可能会产生不公平感从而影响其情绪。Oliver（1993）指出服务失败后顾客对服务的否定也必然会激起顾客的不满、愤怒等消极情绪。消极情绪会进一步激发出消费者的消极行为，如抱怨、不信任、忠诚度下降等。基于上述分析，本章研究认为心理契约破裂的服务事件将通过消极情绪的中介作用影响用户忠诚度。

信任在消费者行为影响机制中的作用同样受到国内外营销领域学者的关注。赵冰等（2007）以传统服务业中的银行和饭店为对象，研究了在服务失败情况下信任对于顾客转换意愿的影响。该研究表明，相比于感知价值和消费者不满意，信任可以更好地解释服务失败发生后消费者转换意向的形成过程。Malhotra 等（2017）发现心理契约破裂通过信任间接影响消费者使用购物网站的意愿。因此，本章研究认为心理契约破裂还将通过信任的中介作用影响网约车用户的忠诚度，故提出如下假设。

H2-2a：信任中介了服务失败对用户忠诚度的影响关系。

H2-2b：情绪中介了服务失败对用户忠诚度的影响关系。

结合上述理论分析和假设的推导过程，可以得出如图 2-1 所示的概念模型。接下来以网约车服务为情景，选择"涨价事件"来考察心理契约破裂对服务失败的影响，验证上述假设。

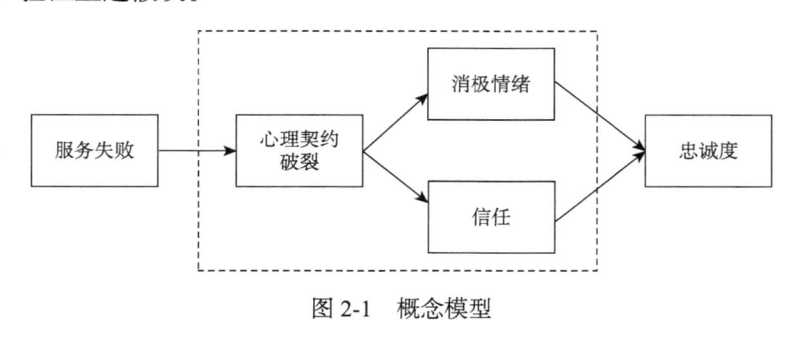

图 2-1　概念模型

第三节　研　究　方　法

一、样本特征

研究被试是 144 个在校大学生，其中男生 45 人，女生 99 人。绝大部分被试都有网约车乘坐经历，参加实验时身心正常，过去均未参加过类似研究。本章研究采用单因素组间实验设计，被试被随机分配到心理契约内组和心理契约外组，每组 72 人。

二、实验设计

本章研究基于现实中用户乘坐网约车的经历设计实验情景。经过前期预研究，本章研究选择以"网约车平台在高峰期涨价"作为具体服务事件。预实验结果表明，有一部分人认为"网约车平台在高峰期涨价"在心理契约之内，而另外一部分人认为该事件在心理契约之外，因此适合就该服务事件启动被试的心理契约破裂。此外，不管心理契约内外，在预实验中的这两部分被试对于"网约车平台不会在高峰期加价"的感知重要性没有显著差异，从而避免了感知重要性可能的干扰（Malhotra et al.，2017）。

网约车服务事件情景信息的主体内容设定如下:"你有自己所偏好的网约车平台,一直以来,该平台的价格都是稳定不变的,不会在特殊时段调价,但是昨天中午,你通过该平台坐了一辆网约车从火车站回到学校后,系统提示高峰时段加价 30%,因此你比平时多支付了 6 元钱。"这段话是所有被试都能看到的共同信息。

本章实验将被试随机分成两组:心理契约内组和心理契约外组。因此,针对心理契约内组被试的启动信息如下:"你有点心痛多付的钱,并很意外,你觉得平台不应该在高峰期加价,因此你感觉很不爽。"针对心理契约外组被试的启动信息如下:"你有点心痛多付的钱,但是并不意外,你觉得平台在高峰时段适当加价可以理解,因此你没有感觉不爽。"

除了心理契约破裂的启动信息不同外,所有人都用同样的问题测量其对网约车平台的信任、消极情绪和忠诚度,见表 2-1。题项的排列都经过随机化处理,测量均使用 Likert 7 点法计分(1=完全不同意,7=完全同意)。实验在专门的实验室采用纸笔方式进行。在正式实验前,主试要求被试调整呼吸、静息安坐五分钟。待主试宣布完注意事项后,被试开始作答。

表 2-1 量表的描述统计

变量	题项	均值	标准差	Cronbach's α
信任	我认为该网约车平台值得信任	3.80	1.021	0.801
	我认为该网约车平台很称职	3.64	1.001	
	我认为该网约车平台很讲诚信	3.63	1.057	
消极情绪	我对该网约车平台很生气	4.03	1.287	0.824
	平台这种做法让我很恼火	4.14	1.331	
忠诚度	我以后还会继续使用该网约车平台	4.35	1.073	0.718
	我会向朋友推荐该网约车平台	3.58	1.186	

第四节 数据分析

一、信度及效度检验

信任、消极情绪和忠诚度的 Cronbach's α 系数值分别为 0.801、0.824 和 0.718,均大于 0.7,说明量表内容具有可靠的信度(表 2-1)。采用主成分分析法对结构效度进行分析测量。首先,使用 KMO 样本测度和 Bartlett's 球形检验方法进行探索性因子分析，以确定因子分析是否合适。结果发现三个构念的 KMO 值都在 0.7~0.9，表明数据适合做因子分析。此外，Bartlett's 球形检验统计值的显著性都为 0.000，拒绝相关矩阵为单位矩阵的原假设，支持因子分析。其次，采用方差最大法正交旋转对因子进行抽取，结果显示各变量均清晰地载荷在提取的信任因子、情绪因子和忠诚因子上。探索性因子分析结果显示，三个测量题项分别共解释了总方差的 71.929%、84.948%和 78.106%，表明所观测变量对因子的载荷符合要求，量表的结构效度比较好。

二、实验操控的有效性检验

有研究认为，不公平维度可以作为心理契约破裂的一个代理（Singh and Sirdeshmukh，2000）。为了确保对心理契约破裂操控的有效性，本章实验设计了一道操控检验题：我觉得平台在高峰期适当加价是公平合理的。方差检验结果表明，相对于心理契约外组（$M_{外}$=3.92，SD=1.404），心理契约内组对公平的感知显著更低，$M_{内}$=2.97，SD=1.307，F=17.564，$p<0.01$。这说明心理契约内组被试出现了明显的心理契约破裂，故本章实验对于心理契约破裂的操控是有效的。

三、心理契约破裂的影响

本章的研究假设是，在面对平台高峰期涨价这一服务事件时，心理契约内的被试会出现心理契约破裂，进而会产生更强烈的消极反应。心理契约外的被试不会出现心理契约破裂，因此对服务失败的反应相对更为积极。方差分析的结果表明，相对于心理契约外组，心理契约内组报告了显著更低的忠诚度（$M_{内}$=3.753，SD=1.008；$M_{外}$=4.183，SD=0.979；F=6.865，$p<0.05$）、更强烈的消极情绪（$M_{内}$=4.311，SD=1.292；$M_{外}$=3.850，SD=1.078；F=5.369，$p<0.05$）及更低的信任（$M_{内}$=3.545，SD=0.858；$M_{外}$=3.838，SD=0.816；F=4.403，$p<0.05$），故 H2-1a、H2-1b、H2-1c 全部成立。

四、消极情绪和信任的中介作用

以消极情绪和信任为中介变量，以心理契约破裂为自变量，以忠诚度为因变量，利用 Process（Hayes，2013）的 Model 4 进行中介效应检验，其中，Bootstrap 样本量设置为 5 000，置信区间为 95%。结果显示，心理契约破裂对用户忠诚度直接作用路径显著（β=0.33，t=2.06，$p<0.05$）。心理契约破裂对消极情绪的影响

路径负向显著（β=−0.43，t=−2.20，$p<0.05$）。消极情绪对忠诚度的影响路径负向显著（β=−0.23，t=−3.38，$p<0.01$）。更重要的是，心理契约破裂通过消极情绪对忠诚度的间接作用显著（β=0.098，95%置信区间为[0.003，0.248]）。因此，消极情绪部分地中介了服务失败对忠诚度的影响，H2-2b成立。

信任的中介作用结果显示，心理契约破裂对用户忠诚的直接作用路径显著（β=0.32，t=2.21，$p<0.05$）。心理契约破裂对信任的影响路径不显著（β=0.21，t=1.37，$p>0.1$）。信任对忠诚度的影响路径正向显著（β=0.54，t=1.88，$p<0.01$）。心理契约破裂通过信任对忠诚度的间接作用不显著（β=0.11，95%置信区间为[−0.048，0.321]）。因此，信任没有中介服务失败对忠诚度的影响，H2-2a不成立。

为了厘清信任的作用角色，进行了多步中介效应检验。结果发现，心理契约破裂对消极情绪的作用路径负向显著（β=−0.43，t=−2.20，$p<0.05$）。消极情绪对信任的作用路径负向显著（β=0.19，t=−3.09，$p<0.01$）。信任对忠诚度的作用路径正向显著（β=0.50，t=6.21，$p<0.01$）。心理契约破裂→消极情绪→信任→忠诚度的链式中介路径显著（β=0.041，95%置信区间为[−0.002，0.102]）。这说明信任部分中介消极情绪对忠诚度的影响。

综上，心理契约破裂决定了服务事件是否成为服务失败事件，并通过消极情绪和信任的中介机制损害用户对网约车公司的忠诚度。

第五节 结论与讨论

本章在网约车服务情景下，从心理契约视角探讨了服务事件如何演变成服务失败及对用户忠诚度的影响机理。通过情景实验操控被试的心理契约破裂，发现心理契约破裂使得服务事件产生了更为严重的后果，并揭示了消极情绪和信任的中介作用机制。

一、研究贡献

首先，本章研究从心理契约的角度解开了服务失败的形成原因。我们发现用户的心理契约能够影响其如何看待特定服务事件。服务失败的前提条件是服务事件违背了顾客的心理契约，因此服务失败的严重性与心理契约破裂程度有正的相关性。现有研究主要在客观层面上探讨服务失败，如从服务失败涉及内容的主次将其分为结果型失败和过程型失败（Smith et al.，1999）。彭军锋和汪涛

（2007）又根据造成服务失败的方式将过程型服务失败进一步区分为程序性失败和互动性失败。此外，有学者从归因视角来分析顾客对服务失败严重性的感知（Iglesias，2009）及顾客后续行为（胡瑶瑛等，2016）。本章研究表明服务失败是心理契约破裂的结果，有必要从顾客的心理契约角度来理解服务失败的前因后果，因此本章研究加深了对服务失败的理解。

其次，本章研究发现心理契约破裂通过消极情绪和信任的中介作用损害顾客对平台的忠诚度。服务事件发生后，心理契约破裂导致了心理契约违背，使得顾客产生更为强烈的消极情绪，既直接降低了忠诚度，又通过降低信任间接地降低了忠诚度。心理契约破裂和心理契约违背是两个紧密相关但又不同的概念，前者是认知结果，后者是消极情感反应。本章研究区分了这两者并验证了心理契约破裂导致心理契约违背，而心理契约违背通过信任影响忠诚度，该发现与 Malhotra 等（2017）基于网络购物者的研究一致。

二、管理启示

网约车是服务失败高发的行业，必须重视服务补救。本章研究有助于网约车平台企业更加深刻地认识服务失败及其对顾客行为的影响。平台应该从源头上提高服务质量，降低服务失败发生的可能性。鉴于顾客对服务事件有着不同的心理契约，网约车平台需要更多地去了解网约车用户的心理契约内容及特征，然后提高服务补救的有效性。目前，网约车平台企业实施服务补救通常是无差别对待，这种做法要么增加企业成本，要么降低服务补救的效果。本章研究结论表明网约车平台企业可以针对不同类型的用户实施有差别的服务补救，即对于可能存在心理契约或强心理契约的用户采取高强度的服务补救，而对于不存在心理契约或弱心理契约的用户则可以淡化处理。由于心理契约强度的差异，平台可以依据用户的新老程度制定精细化的服务补救策略。

从用户认知角度进行干预改变其对服务失败的看法也不失为一个策略。心理契约的内容是动态变化的，受到各种因素的影响，如社会因素、商家因素和顾客自身因素（Malhotra et al.，2017）。一方面，网约车平台可以通过口碑营销、积极参与行业标准制定从宏观层面影响用户群体的心理契约内容；另一方面，网约车平台要谨慎传递其服务保证和承诺，这些服务保证和承诺会影响心理契约的形成。此外，网约车平台企业可以通过一些宣传手段，改变用户对于某些服务事件的心理契约内容，使其能够对特定服务事件更为宽容。例如，滴滴公司发起的针对一系列服务事件责任判断的社会大讨论就能够改变公众的认知，改写部分用户的心理契约内容，从而减少服务失败发生的可能。

第三章　平台生态圈服务失败的溢出效应及其特征

第一节　引　　言

随着人类社会进入互联网平台经济时代（Grewal et al.，2010），共享型商业模式（Mair and Reischauer，2017）极大提高了社会资源的配置效率，被认为是可持续商业模式的现实经济形态（Daunoriene et al.，2015）。平台企业在降低搜寻与交易成本的基础上，打破了供需双方信息不对称的局面，增加消费者福利，逐渐成为影响力越来越大的经济组织形态。在交通出行领域，以滴滴、神州、嘀嗒等为代表的网约车平台企业整合了出租车、专车、私家车等供给侧和乘客需求侧，做大双边市场规模，打造了以出行为中心的平台生态圈（Vargo and Lusch，2016；华中生，2013）。网约车平台企业因为集成了城市交通服务资源，使出行效率极大提高、乘客出行更加方便而广受青睐。然而，不断兴起的共享经济与平台经济在为经济发展注入新动能的同时，也引发了一些社会问题（肖红军和李平，2019；戚聿东和李颖，2018）。频繁发生的网约车司机服务失败正在侵蚀乘客与网约车平台之间已经建立的良好关系。平台企业受非自身原因服务失败牵连的现象受到学者关注（曹智等，2011；银成钺和徐晓红，2011），此现象称为平台生态圈服务失败溢出效应，其中的核心问题是归因溢出，即服务失败的责任在服务提供者和平台之间的分配上。该问题目前还缺乏学术界的深入研究。

肖红军和李平（2019）从平台型企业"作为商业运作平台的社会责任"方面，结合担责的"底线要求"、"合理期望"和"贡献优势"三个层级，提出平台型企业要同时保证自身行为和平台商业生态圈的运行对社会负责。平台在网约车商业生态圈内部的强大影响力决定其无法按照"避风港原则"和"技术中立"规则来规避网约车服务失败的责任。根据该理论逻辑，网约车服务失败应该会产生对平台企业的溢出效应，但是目前并无实证研究，特别是来自消费者认知层面的实证发现来支持该理论观点。因此，一方面不能确定网约车服务失败是否溢出到平台；另一方面假定存在溢出效应，其机理特征也并不清楚。

平台商业生态圈中服务失败溢出效应的现实管理问题亟待解决。服务失败的相关研究长期局限于"顾客—企业"二元互动关系范式。平台生态圈情景中的研究和实践需要超越了二元互动关系的基本分析单元。网约车服务失败溢出问题应当以"用户—平台—服务者"三元网络关系范式为分析单元。需要强调的是，如果网约车司机与平台之间存在正式雇佣关系（如平台自营专车司机），那么"用户—平台—服务者"三元网络关系范式就不适用。在这种情况下司机责任即平台责任，双方处于同一边界内，服务失败的溢出问题并不存在。以私家车和出租车车主为主体的大多数网约车车主与平台之间不存在雇佣关系，由于他们和平台之间的松散耦合生态合作关系，平台和网约车司机之间存在边界，司机服务失败而导致对平台的溢出效应就属于本章研究的范畴。

在传统"顾客—企业"二元互动关系范式下，服务失败的责任归因影响了"顾客—企业"的关系，并对企业制定服务补救策略产生重要影响（胡瑶瑛等，2016；Iglesias，2009；宋亦平和王晓艳，2005；Folkes，1984）。在三元网络关系范式下，识别服务失败后对平台的溢出效应及其机理将有助于增强对平台生态圈商业模式的理解，在此基础上探究平台企业的服务补救策略将更具有针对性。本章研究将从消费者认知角度揭示平台生态圈中服务失败向平台溢出的机理过程，并给平台企业实施服务补救战略提供有益指导。

第二节 问题提出

从 20 世纪 80 年代开始，研究者围绕服务失败的定义、原因、分类、对顾客满意和行为的影响等主题进行了丰富的研究（Cambra-Fierro et al.，2015b；Hess，2008；Smith et al.，1999；Bitner，1990；Bitner et al.，1990）。但是，现有研究对网约车服务失败归因的问题却难以解释。因为现有研究大都基于"顾客—企业"二元互动关系范式展开研究，只考虑服务企业作为唯一的服务主体，而没有考虑服务失败在多个服务主体之间的责任分配及其影响。显然，在"用户—平台—服务者"三元网络关系范式下，顾客对服务失败责任归因的过程更加复杂。

结合研究情景和现有的理论基础，本章研究认为网约车服务失败是由于平台本身或网约车司机在服务过程中出现的差错事件，造成乘客经济或身心的损失，进而影响乘客对网约车司机及平台态度。服务失败的责任归因主体涉及网约车平台生态圈中司机、平台、乘客等，但是本章研究不考虑乘客自身原因的服务失败。技术是平台服务失败的最主要原因，如订单的匹配质量和导航软件、计费系统的准确性等。网约车司机服务失败更多源于司机的个人因素，如缺乏良好的服务能力和素养。此外，第三方因素（如堵车、交通管制）也会导致服务失败。

在三元网络关系范式下，服务失败归因溢出效应是指平台会受到生态圈中其他成员服务失败牵连的现象。归因溢出意味着责任在主体之间的转移。如图3-1所示，平台与网约车司机之间的边界关系分为三种：①无边界。平台与网约车司机之间是雇用关系，如神州专车平台的自营车。②边界清晰。平台和网约车司机分别属于两个不同的主体，如滴滴平台和出租车，出租车属于出租车公司。③边界模糊。平台和网约车司机之间既独立又合作，构成了一种特殊的互利共生关系，如滴滴平台和在平台注册的私家车。私家车作为最主要的网约车群体可以自主地在多家平台灵活进出和转换。在边界模糊或清晰的情况下，都应该基于三元网络关系范式去考察网约车用户对网约车司机服务失败的归因机制。

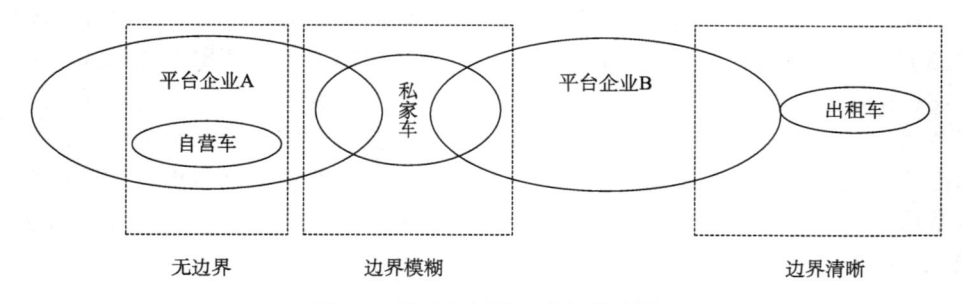

图3-1 平台与网约车之间的边界

第三节 平台生态圈三元网络关系及其特征

平台型企业作为独特的组织形式，吸引众多主体进入平台商业生态圈，链接双边市场（Kaiser and Wright，2006）。平台企业以平台管理者的身份，居于平台生态圈关键性的中心位置（郑胜华等，2017），并往往成为生态圈中的领导者，对其他成员产生较大影响（肖红军和李平，2019）。平台型企业将不同主体嵌入平台商业生态圈中，平台商业生态圈作为一个复杂动态的有机整体系统，包括缝隙型、坐收其利型、支配主宰型和网络核心型四类参与主体（Iansiti and Levien，2004）。平台商业生态圈中参与主体数量庞大，具有复杂性、异质性、多元性的角色功能和自身特质。各类参与主体在平台商业生态圈中相互嵌套、相互交织、相互耦合，形成动态非线性的共生共演关系网络（肖红军和李平，2019）。因此，在平台生态圈情景下，主体之间的关系相对传统企业情景更为复杂，厘清和界定网约车平台企业和网约车、乘客之间的关系并阐明其特征是研究服务失败责任溢出的关键。

网约车平台是用户与司机交流的媒介，平台凭借积累的交通出行数据，为乘客与网约车之间提供信息匹配服务，实现交通资源的优化配置。在"用户—平台—网约车"三元网络关系范式下，主体关系特征明显。

首先，平台与网约车司机之间存在非对称、多样性、互利共生的关系。第一，平台在商业生态圈中具有核心主体地位，负责信息处理、供需匹配、制定规则、监督执行，是网约车服务生态系统的搭建者、维护者和发展者。平台企业与分散的网约车主之间的关系是不对称的，平台企业的强大影响力决定了它需要按照"责任铁律"要求和权责一致原则承担起平台治理责任（肖红军和李平，2019），即对网约车进行约束性规制和激励性支持。第二，平台中网约车类型多样（如专车、快车、出租车等）。双方关系的不同，意味着平台对不同类型网约车的权利和义务也存在差异。第三，平台和网约车之间具有互利共生的合作关系，在这种关系下平台为网约车司机提供服务信息，网约车担任平台提供出行服务的最终执行者。

其次，平台和网约车乘客之间存在非对称、依赖性的关系。第一，与网约车一样，单个用户对平台来说犹如大海中的一滴水一样可有可无，但是作为一个整体，网约车用户能够代表全体社会成员，对平台有极强的反制作用。第二，在长期依赖平台提供的网约车服务的过程中，乘客与平台之间会发展出心理契约（余可发，2010）。心理契约是对平台义务和承诺的主观感知，在平台和网约车之间边界模糊的条件下，用户对平台—网约车关系及其责任归因的认知难免有强烈的主观色彩和个人异质性。第三，在网约车为乘客服务过程中，平台制定服务规则并监督实施，对网约车司机有约束作用。

最后，网约车乘客与车主之间是特殊的服务关系。第一，对于乘客而言，相对平台这一稳定的重复交易主体，网约车司机提供的服务基本上是一次性的，因而乘客对平台有着更高的可控性。第二，乘客在服务过程中同时和车主及平台进行互动。一方面，乘客和车主的交易嵌套在"乘客—平台"的直接交易之内，乘客易认为网约车与平台之间存在从属关系；另一方面，网约车作为新兴事物产生历史较短，大部分用户习惯以传统"企业—员工"模式来理解"平台—司机"的合作关系，将平台视为网约车的所有者。第三，用户通过平台获取服务，然后与网约车主进行线下的服务接触，而服务接触通常是服务失败的高发环节。

综上所述，在网约车平台商业生态圈中，平台与网约车不存在传统的直线式供应链关系，而是一种非对称、多样性、互利共生的网络生态关系，见图3-2。"乘客—平台—网约车"三元网络关系是分析网约车服务失败后果的基本出发点。

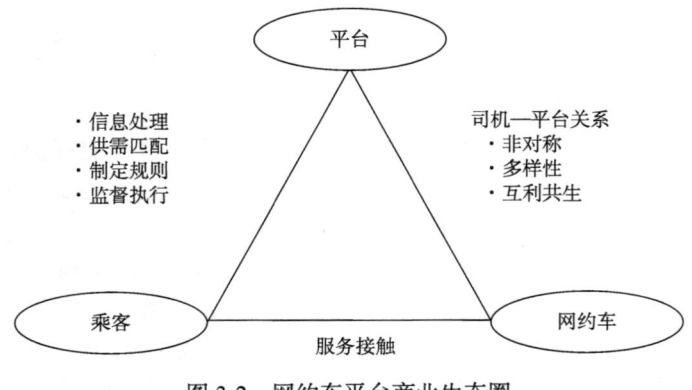

```
                              平台
                    ·信息处理        司机—平台关系
                    ·供需匹配         ·非对称
                    ·制定规则         ·多样性
                    ·监督执行         ·互利共生


              乘客            服务接触           网约车
```

图 3-2　网约车平台商业生态圈

第四节　平台生态圈服务失败溢出效应的存在性

网约车平台自我定位为信息服务商，并且在用户协议上强调说明了平台与各类型网约车之间的独立关系，主要目的就是希望网约车用户能够理解、认可网约车司机的主体责任，避免成为网约车司机的"替罪羊"。然而，由于网约车是新兴的服务方式，公众对网约车平台的运营模式还缺乏全面、清晰的认知。用户不一定会去认真阅读用户协议，即使阅读了也不一定完全认可平台对权利义务的规定。网约车用户通常按照自己的理解来进行判断，可能形成独特的、隐性的心理契约。因此，本章研究要探索的第一个问题如下：当网约车用户遭遇非平台原因服务失败时，是否出现对平台的负向溢出？此外，乘客究竟是将网约车和平台视为一体，还是视为两个不同主体，是决定溢出效应的关键。进而，本章研究要探索的第二个问题如下：乘客感知的司机—平台关系会如何影响溢出效应？

一、问卷设计

本章研究调查半年内经历过服务失败的网约车乘客。由于是探索性研究，故采用方便抽样方式开展网络调研。通过问卷网站（问卷星）生成电子问卷，问卷包括研究目的阐述、人口统计学的基本变量及研究需要的一些关键变量，如表 3-1 所示。其中，整体满意度的测量考虑到了网约车服务双主体特征，本章研究用单题项"我对该司机/网约车公司感到满意"分别调查了乘客对司机和平台的整体满意度。最后，问卷还调查了服务失败的具体内容及乘客对服务失败责任的判断。

表 3-1 问卷调查的关键变量

变量	题项	Cronbach's α
用户对平台忠诚度	我会继续使用该网约车公司的服务	0.77
	我会向别人推荐该网约车公司	
感知司机—平台关系	该司机等同于网约车公司的自有员工	0.74
	该司机可以代表网约车公司	

资料来源：McKnight 等（1998）；Mayer 等（1995）；Granovetter（1973）

二、样本特征

回收问卷共 320 份，有效问卷为 261 份，问卷有效率为 81.6%。样本中男性占 46.9%，女性占 53.1%；年龄主要集中在 19~30 岁，占 76.2%；51.2% 的被试网约车使用频率较高。

三、数据分析

研究对服务失败的具体内容进行分析。最常见的服务失败是"司机未准时到达"（33%），其他常见的服务失败内容分别为"司机没有到指定地点接我"（25.3%）、"司机绕路行驶"（18.75%）、"司机服务态度很差"（12.5%）。以上列举的常见服务失败事件与车主直接相关，受平台控制，63%（$N=202$）的被试将服务失败责任归因于网约车司机。

（一）溢出效应

由于本章研究关注溢出效应，故只分析 202 个认为网约车司机是直接责任归属方的受访者。对于这部分受访者，进一步调查"您是否认为该网约车公司对本次服务失败负有间接责任？"（采用 Likert 5 点量表，0=一点都没有，4=很大程度）。除了有 12 个受访者认为网约车公司"一点都没有"责任外，其他受访者的平均得分为 $M=2.44$（$SD=0.992$）。该结果表明这部分网约车用户认为虽然司机在服务失败中具有直接责任，但网约车公司仍负有一定程度的间接责任［介于中等程度（2 分）和较大程度（3 分）之间］，据此可初步判断存在溢出效应。

（二）感知司机—平台关系与溢出效应

受访的网约车用户对司机—平台关系的感知与对平台责任的归因之间有着显著的正相关性（$\beta=0.352$，$p<0.01$）。此外，溢出程度与平台忠诚度（$\beta=$

−0.254，$p<0.01$）及满意度（$\beta=-0.161$，$p<0.05$）则有着显著的负相关性。

理论上，用户如果认为网约车司机隶属于平台，那么就应该是百分之百的溢出；如果用户认为网约车司机与平台完全独立，那么就不存在溢出。从调查结果来看，用户对司机—平台关系的认知，以及责任溢出的判断是异质性的。从整体上来看，乘客即使认为司机具有直接责任，仍普遍认为平台也有中等程度以上的间接责任，存在溢出效应。此外，用户感知到的司机—平台关系强度决定了溢出效应的程度。

第五节 平台生态圈服务失败溢出效应的特征

以上调查研究初步揭示了服务失败溢出效应的存在性及影响溢出程度的可能原因。为了更准确、深入地理解这种现象，接下来进行两项实验研究。

一、研究假设

（一）网约车服务失败对平台的溢出效应

在现实中，网约车服务失败大多是司机素质不高、服务能力欠缺（如拒载、拼客、语言粗鲁、恶意绕路等）造成的。从法律上来看，这些服务失败的原因和责任都不在平台。然而，由于有限理性和情绪化的共同作用，乘客可能会混淆网约车服务的主体，即认为网约车司机和网约车平台是同一个主体，或者放大了平台控制网约车司机的能力和义务，从而出现归因溢出现象，即认为网约车司机的服务失败需要平台担责。具体而言，当乘客面对非平台原因的服务失败时，不但会对司机产生不满，而且会认为平台失责。服务失败导致消费者产生消极情绪，如愤怒（杜建刚和范秀成，2007b），这种司机服务失败产生的消极情绪会溢出到平台。基于以上探索性研究，提出如下需进一步验证的假设。

H3-1a：网约车用户遭遇非平台原因导致的服务失败，将对网约车平台进行责任归因；

H3-1b：网约车用户遭遇非平台原因导致的服务失败，将对网约车平台产生消极情绪。

（二）网约车服务失败溢出效应的调节因素

本章研究一方面是明确三元互动关系情景下服务失败溢出效应的存在性，如果确实存在，那么进而要探讨的是溢出效应的调节因素，即溢出程度由于哪些因素而呈现出系统性差异。

现有研究表明，服务失败对消费者满意度和行为的影响因服务失败原因的不同而产生差异（胡瑶瑛等，2016；Iglesias，2009）。依据归因理论，服务失败主要由内因和外因造成（Weiner，1985b）。内因是指消费者的个人原因，而外因是指服务提供者的原因，此外还有不可控制的第三因。其中，外因会使消费者感知到更大程度的服务失败，产生更加强烈的不满情绪（宋亦平和王晓艳，2005）。在网约车服务情景中，外因是指网约车平台和司机的原因（如司机语言粗鲁），第三因是指服务提供者控制之外的因素（如堵车）。前文已经指出，乘客对平台监督网约车司机服务的能力和义务认知会导致服务失败向平台溢出。当乘客认为司机可控原因导致服务失败时，乘客会通过平台对司机控制能力的感知，产生平台应该具有更高服务失败控制能力的认知，因此平台责任更大。这意味着，相比于第三因，源于司机外因的服务失败向平台的归因溢出程度更高。由此提出以下假设。

H3-2：与第三因相比，外因导致的服务失败溢出效应更为严重。

网约车司机的权利和义务存在法律意义上的差异定义了平台与不同类型网约车之间的关系及边界。私家车与平台的边界最为模糊；自营专车（如曹操专车、神州专车等）与平台之间不存在边界；出于丰富服务生态系统的考虑，滴滴、嘀嗒等网约车平台还提供出租车服务，平台与出租车之间存在较为清晰的关系边界。

在法律关系上，私家车司机是自我雇佣，与平台之间不存在隶属关系；自营车司机受雇于平台，平台对自营车具有所有权。值得一提的是，早期的网约私家车不属于任何组织，后来由于监管要求，这些网约私家车都不得不挂靠某些第三方劳务公司，但实际上其独立性仍然非常高。至于出租车及其司机，他们都属于传统的专业出租车公司，这些出租车公司与网约车平台是竞争关系。从法律角度来看，当出租车司机导致服务失败时，其隶属的出租车公司应当承担责任而非平台，但平台应该为自营专车的任何服务失败承担全部责任。因此，出租车和自营专车是两个极端，私家车司机则处于两个极端中间。当私家车司机出现个人原因导致的服务失败时，乘客可能会认为平台具有一定的连带责任，需要和私家车司机共同为服务失败负责。综上，不同类型网约车的服务失败应该对平台有着不同的溢出程度，故提出如下假设。

H3-3a：网约车类型调节服务失败溢出效应的程度依次如下，出租车的溢出效应最低，自营专车的溢出效应最高，而私家车的溢出效应介于两者之间。

以上假设从客观角度出发，假设顾客完全了解并接受不同类型网约车与平台的真实关系。从顾客感知角度，鉴于网约车服务的新颖性，乘客有可能难以区分这三种类型网约车，从而对平台和各种网约车之间的关系有其主观感知。因此，也许乘客感知的平台—网约车关系对服务失败溢出效应才具有调节作用，故提出如下假设。

H3-3b：感知的平台—网约车关系调节服务失败溢出效应的程度，即平台—网约车关系越紧密，服务失败溢出效应越强烈。

接下来通过两个情景实验研究来验证上述假设。

二、实验一：网约车类型和服务失败原因的影响

实验一的目的是揭示网约车服务失败对平台的溢出效应，并考察网约车类型和服务失败原因的作用。

（一）实验设计

实验一采用2（网约车类型：非自营车 VS.自营车）×2（服务失败原因：外因 VS.第三因）的组间设计。首先每个被试阅读一段网约车服务失败情景，并想象自己就是主人公，其次基于情景信息回答问题。

服务失败情景：最近你去了一个城市旅游，玩了几天后准备坐高铁返回，于是你通过某网约车平台预约到一辆（平台自营/非平台自营）普通轿车。司机按时到达约定地点，并将你从宾馆送到了高铁站。但是你发现司机走了一条更远的路线而非导航制定路线（外因）/你发现一路发生了多次比较严重的堵车（第三因），结果不但车费高出预估价30多块钱，而且因为耽误时间导致你差一点没赶上高铁。

实验一操控网约车类型（平台自营车和非自营车）和服务失败原因（外因和第三因），从而得到四种服务失败情景。基于问卷星设计电子问卷，邀请140个本科生进行随机分组实验。由于大学生是非常广泛的网约车用户群体，故以大学生作为实验对象具有较好的代表性。为确保被试的外部环境一致性，要求他们在指定教室内完成问卷，在实验过程中严格控制其他条件。由于部分被试没有提交答卷或提交失败，最终回收116份答卷。

（二）假设检验

被试在阅读完网约车服务失败情景之后，首先，判断网约车平台是否应该承担责任，结果表明绝大多数被试（$N=98$，84%）认为网约车平台有责任。该结果表明网约车服务失败导致了对平台的溢出效应，H3-1a得到支持。

其次，通过分组比较分析服务失败原因和网约车类型对溢出程度的影响。外因（即司机绕路）下的平台责任显著高于第三因（即堵车）下的平台责任（$M_{绕路}=5.55$，$SD=1.969$ VS. $M_{堵车}=4.89$，$SD=1.509$；$t=1.918$，$p<0.05$）。结果表明服务失败原因影响归因溢出，故H3-2成立。堵车是不可抗力的第三因，被试虽然也倾向

认为平台需要承担责任，但对平台的溢出程度明显降低。

最后，网约车类型也可能影响归因溢出（$M_{私家车}$=5.56，SD=1.626 VS. $M_{自营车}$=4.98，SD=1.967；t=1.688，p=0.09），统计检验边缘显著，即私家车导致的归因溢出可能更强烈，这与H3-3a相反。

实验一表明被试倾向把与平台无关的服务失败归咎于平台。此外，研究发现网约车类型有可能影响服务失败归因溢出效应，但是结果还不够显著。这可能是因为被试对不同类型网约车与平台之间的关系认知不清晰。接下来的研究将进行更深的验证，测量被试对平台—网约车关系的感知。

三、实验二：感知平台关系对溢出效应的影响

实验二的目的是更深入考察平台—网约车关系对服务失败溢出效应的影响，为此在上述实验的基础上有所改进和深入。首先，依据网约车提供服务现状，模拟三类网约车：平台自营车、非自营车及出租车。三类网约车最具有代表性，且与平台关系存在明显差异。特别是出租车和平台的边界非常清晰，这能够与自营车形成明显的比较，并有助于理解乘客如何看待私家车服务失败。其次，由于实验一已经明确了外因和第三因对服务失败溢出效应的差异性影响，实验二将服务失败原因固定为"司机绕路"，只分析外因导致的服务失败归因溢出效应。

（一）实验设计

实验采用三因素（非自营车 VS. 自营车 VS. 出租车）组间设计。首先引导被试阅读一段网约车服务失败情景，并想象自己就是主人公，其次基于情景信息回答问题。

服务失败情景：最近你去了一个城市旅游，玩了几天后准备坐高铁返回，于是你通过某网约车平台预约到一辆（平台自营/非平台自营）普通轿车/出租车。司机按时到达约定地点，并将你从宾馆送到了高铁站，但是你发现司机并没有按导航的路线行驶，事实上走了一条更远的路线。结果不但车费高出预估价30多块钱，还差点因为耽误时间导致你没赶上高铁。

实验对网约车类型进行了操纵，得到三种情景。被试进行随机分组实验。同样地，要求被试集中到指定教室内完成基于问卷星的电子问卷。总共有161个被试参与，回收的161份答卷全部有效。

（二）假设检验

服务失败归因溢出效应。采用反向题项"该司机的个人过错不能怪平台"测量被试对平台的责任归因溢出，该项得分均值为2.76（SD=1.106），低于中位数

3,反映了被试基本上不接受平台没有责任的说法。此外,用"平台应该为服务失败承担责任"的正向题来测量平台责任程度,该项得分均值为 3.95(SD=0.960),显著高于中位数 3(t=5.284,p<0.01),说明被试比较同意平台要承担责任的说法。结合这两道题项,不难推断在整体上存在向平台的溢出效应,进一步支持 H3-1a。实验二用"你对司机/网约车平台感到生气吗?"分别测量被试对司机和平台的愤怒情绪。整体上,被试对平台的愤怒情绪(M=3.53,SD=1.067)虽然低于对司机的愤怒情绪(M=4.08,SD=1.095),但显著高于中位数 3(t=3.569,p<0.01)。这反映了消极情绪也存在溢出效应,支持了 H3-1b。

网约车类型对归因溢出程度的影响。与实验一一样,通过分组比较来分析网约车类型对归因溢出的调节影响。结果表明,出租车司机服务失败的平台溢出效应最强烈($M_{出租车}$=4.17,SD=0.816),并显著高于"自营车"和"私家车"被试组($M_{自营车}$=3.83,SD=1.028,t=-1.858,p=0.06;$M_{私家车}$=3.89,SD=0.985,t=2.364,p=0.05)。但是,"私家车"被试组和"自营车"被试组在归因溢出上却没有显著差异(p=0.35)。该结果表明 H3-3a 不成立。客观的网约车类型对归因溢出的影响不符合研究的预期,有必要从感知平台—网约车关系的角度进行深入分析。

感知平台—网约车关系对归因溢出程度的影响。网约车类型客观反映了网约车与平台之间的关系,但只有在乘客感知到了不同类型网约车与平台具有不同关系时,网约车类型才会影响归因溢出程度。因此,本章研究设计了两个问项来测量被试对平台—网约车关系的感知,如表 3-2 所示。

表 3-2 感知平台—网约车关系的差异(自营车 VS.私家车)

题项	自营车 N=58		私家车 N=56		均值比较
	M	SD	M	SD	
平台有能力监督该车服务	3.59	1.200	3.70	1.043	t=-0.523,p=0.602
平台有义务保证每台车提供良好服务	3.79	1.210	3.95	1.069	t=-0.716,p=0.476

表 3-2 的均值比较结果表明,被试对平台和自营车,以及平台和私家车之间的关系感知没有显著的区别。该结果能够解释前面为什么发现"自营车"被试组和"私家车"被试组在归因溢出上不存在显著差异。

值得注意的是,被试认为平台与出租车之间的关系最为紧密,如表 3-3 和表 3-4 所示。显然,归因溢出程度的顺序为"出租车>私家车=自营车",而在感知平台—司机关系上的模式同样是"出租车>私家车=自营车"。综上,可以推断感知的平台—网约车关系是调节归因溢出效应的心理变量,故 H3-3b 成立。

表 3-3　感知平台—网约车关系的差异（自营车 VS.出租车）

题项	自营车 N=58 M	SD	出租车 N=47 M	SD	均值比较
平台有能力监督该车服务	3.59	1.200	4.11	0.866	$t=-2.492$，$p=0.014$
平台有义务保证每台车提供良好服务	3.79	1.210	4.30	0.954	$t=-2.331$，$p=0.022$

表 3-4　感知平台—网约车关系的差异（私家车 VS.出租车）

题项	私家车 N=56 M	SD	出租车 N=47 M	SD	均值比较
平台有能力监督该车服务	3.70	1.043	4.11	0.866	$t=-2.145$，$p=0.034$
平台有义务保证每台车提供良好服务	3.95	1.069	4.30	0.954	$t=-1.745$，$p=0.084$

第六节　结论与讨论

本章研究首先基于问卷调查验证了网约车司机服务失败对平台存在溢出效应，并发现感知司机—平台关系与溢出程度之间有着显著的正相关性（$\beta=0.352$，$p<0.01$），意味着网约车用户如果认为司机属于平台，那么对平台的溢出效应就越强烈。基于这些初步结果，本章研究通过两个情景实验进一步验证了溢出效应的存在性，并进一步探讨了溢出效应的调节变量。

一、讨论

本章研究在新兴的网约车平台生态圈情景下，考察了服务提供者的服务失败会对平台企业产生的负向溢出效应。研究发现，不论网约车服务失败的实际原因为何，绝大部分人总是倾向认为平台企业负有责任。这从消费者认知角度支持了肖红军和李平（2019）基于理论逻辑推演出的"平台企业作为商业运作平台的社会责任"，对应的是"合理预期"之责任。特别是在第三因（堵车）导致的服务失败情景下，也有部分被试认为平台负有责任，这说明溢出效应带有非理性成分，印证了企业负有"超越底线"之责任（周祖城，2011）或"贡献优势"之责任（肖红军和李平，2019）。服务失败溢出效应也反映出明显的认知规律性，如司机（相比第三因：堵车）导致的服务失败归因溢出程度显著更高，这是符合常识的。进一步研究发现，服务失败归因及其溢出同时伴随着愤怒情绪的产生。本章研究没有深入地分析情绪的作用，但愤怒情绪会导致攻击倾向，这就意味着会加重溢出效应的可能性。

本章研究发现乘客对服务失败的责任判断存在有规律的偏差。从客观的法律角度来看，不同类型网约车与平台企业之间有着不同的边界和关系，因而推测出租车服务失败对平台的溢出效应应该是最弱的，平台自营车服务失败产生的溢出效应最强，而私家车服务失败的溢出程度介于这两者之间。但是，从情景实验的结果来看，相比"自营车"和"私家车"，"出租车"服务失败的归因溢出程度更为强烈，而自营车和私家车在归因溢出上没有显著差异。这个结果与最初的推测不一致，但进一步的分析揭示了感知平台—网约车关系的关键作用，使得这个不符合预期的结果变得可以理解。因为用户对平台与自营车、平台与私家车之间的关系感知没有显著差异；相比于平台与其他两类网约车的关系感知，用户对平台与出租车之间的关系感知更强，因此才导致了这个意外的结果。因此，本章研究发现：乘客感知的平台—网约车关系才是决定归因溢出效应的本质原因，而不是原本设想的网约车类型。网约车类型的差异是客观的、外在的，乘客对平台和不同类型网约车关系的认知是主观的、内在的，决定了其归因溢出的差异。

为什么会存在网约车服务失败对平台的溢出效应？其原因可能是网约车用户与平台在服务过程中达成了某种心理契约。心理契约是顾客对企业应承担的义务和责任的感知（罗海成，2005；Roehling，1997）。在网约车平台情景下，乘客的心理契约认为网约车平台有义务确保网约车司机（不论是出租车还是私家车）提供高质量的服务，并需为司机的个人失败承担责任。如果平台没有或未充分履行其心理契约，乘客将感知到心理契约破裂（Malhotra et al.，2017），从而认为自己受到了不公平对待，最终导致服务失败外溢效应。值得一提的是，心理契约作为主观的内隐期望与客观的法律及经济契约往往不一致，这构成了服务失败溢出效应的心理基础。顾客心理契约的形成受外部因素和顾客自身因素的影响（冯颖如和程新伟，2017）。外部影响因素包括平台因素和社会因素。社会因素主要是指平台的口碑，如乘客从周边人群或网络信息中获知平台曾经为网约车司机个人服务失败承担过责任，以及乘客基于社会规范认为平台有这方面的社会责任。肖红军和李平（2019）指出，平台型企业有着"作为独立运营主体的社会责任"、"作为商业运作平台的社会责任"和"作为社会资源配置平台的社会责任"。单纯从法律角度来看，平台作为独立运营主体无须为出租车或私家车（另外的独立运营主体）个人原因的服务失败（如绕路、辱骂乘客、爽约等）担责，但从社会责任角度来看，平台对接入生态圈的所有网约车都有着难以推卸的监管责任。因此，乘客完全有可能基于社会规范赋予平台的社会责任，单方面签订其心理契约的特定条款。平台因素主要是指网约车平台不成文的、隐性的服务承诺，对用户产生心理契约有影响。用户自身因素包含其价值观和知识经验，如有的网约车用户就会认为平台没有能力保证所有网约车司机都能提供无瑕疵的服务，因此不应该什么问题都追究平台的责任。对于这部分用户，就不会出现对平台的溢出效应。本章研究中确实有一部分用户没有产生对平台的溢出效应。

二、研究贡献

本章研究在"用户—平台—服务者"三元网络关系范式下，探讨了服务失败外溢效应及成因，拓展并丰富了服务失败理论。

首先，本章研究提出了"用户—平台—服务者"三元网络关系范式，并考察了服务失败向平台的溢出效应。目前已有少数研究指出应突破传统的"顾客—企业"二元互动关系范式研究平台环境下的服务问题，但是在三元网络关系范式下服务失败及责任归因仍需更丰富的研究（李雷等，2016）。"用户—平台—服务者"三元网络关系范式意味着存在三个独立的主体，服务失败归因溢出意味着责任从一个主体转移到另外一个主体。本章研究重点分析了平台与服务者之间的边界、关系类型及其特征，并指出在边界清晰和边界模糊的情况下，都应该基于"用户—平台—网约车"三元网络关系范式考察网约车用户对服务失败的归因及溢出过程。

其次，本章研究除了验证服务失败溢出效应的存在性外，还进一步揭示了溢出效应的调节因素。相比于第三因（堵车），网约车司机个人的服务失败会对平台产生更严重的溢出效应。此外，用户感知到的服务提供者与平台的关系也调节了溢出效应。

最后，肖红军和李平（2019）基于逻辑推演出平台型企业三个层次的社会责任，提出平台型企业社会责任生态化治理范式更具有合意性，但这一命题仍有待进一步检验。本章研究以网约车平台为例，验证了网约车司机服务失败对平台的溢出效应，实际上从消费者认知角度印证了平台企业"作为商业运作平台应承担的社会责任"。

三、管理启示

在共享经济模式下，平台公司只有吸引更多的服务提供者，才能增强对顾客的服务能力。但是，平台需要制定有效的措施去防范因为平台服务者的服务失败而引发的服务失败外溢问题。

首先，平台需要加强对服务提供者的监管，避免服务失败的发生。作为一种新兴的商业模式，网约车平台一直在努力约束司机行为，提高司机的服务质量，然而，如何对外部加盟司机进行有效的审核及管理一直困扰着网约车平台。网约车平台为了争夺市场份额，希望尽可能扩大服务供给能力，进而在司机招募过程中可能会放松要求，导致一些低素质私家车主进入网约车行列，因此网约车平台应加大对网约车司机的监管力度。例如，平台应该提高司机筛选标准（如限定车型、驾龄、户籍，查阅犯罪记录或进行简单的面试）、对司机提供必要安全责任意识培训。同时，平台公司在权衡经营成本和保障服务安全时，必须以服务安全为优先选择，通过技术手段和服务形式创新（如神州专车、首汽约车组建自营的司机团队），以专业的服务保障乘客安全，避免服务失败的发生。

其次，平台可以引导乘客对平台商业模式的服务失败做出理性归因，让乘客理解到自己在享受网约车带来便利的同时，也必须承担一定程度的风险，然而，很多乘客倾向将平台视为最终责任方或者无条件责任方，强化了服务失败外溢效应。因为在乘客的心理契约中，平台要为加盟的私家车承担与自营车同等的责任和义务，这是平台企业难以接受的，从而导致双方认知上的差异和冲突。由于平台型企业是一种新型组织，社会对平台型企业的认知处于不断深化中，对于平台型企业的道德伦理期望和履行社会责任预期都呈现动态变化趋势，故平台型企业社会责任必将随着认知深化和预期变化而动态调整（肖红军和李平，2019）。鉴于服务失败溢出效应受到乘客认知因素的调节，为了化解双方认知冲突，平台公司可以通过改变乘客对平台—网约车关系的认知来降低溢出效应。因此，平台应强调平台的媒介属性及私家车的独立性，并突出乘客应承担相应的风险及个人责任，从而降低归因偏差。

最后，平台公司应积极呼吁并配合全社会参与到平台服务的治理中，以营造健康的平台生态圈。网约车运载涉及人身安全，故赋予网约车服务失败更多的伦理责任，也引起全社会更多的关注。事实上，其他商业平台，如团购平台、外卖平台、直播平台、民宿预订平台等，本质上都是基于"顾客—平台—服务者"三元网络关系的平台服务。为了提高类似平台生态圈的服务质量，需要呼吁社会各方成员积极参与平台监督和管理，推动平台生态圈更健康、可持续的发展，从而避免出现恶性服务失败问题。具体来说，平台可以发起广泛的公众讨论，邀请各方面的利益相关主体来讨论平台面临的一些潜在威胁，或是讨论在特殊情况下责任的认定，以及平台、司机及乘客的合理反应等。

第四章　平台生态圈服务失败溢出效应的影响机理

第一节　引　言

　　近年来，得益于创新驱动和信息通信技术的发展，网约车迅猛发展并已逐渐取代传统出租车成为人们日常出行的主流选择。网约车不仅给用户带来实惠便捷，也给劳动力市场带来了海量的就业岗位。中国信息通信研究院的数据显示，截至 2018 年 7 月，我国的网约车司机数量已超过 3 120 万人。但是，网约车司机的骤增也带来了一些负面问题，鱼龙混杂的网约车司机导致的服务失败案例屡见报端，舆论主要包含两种声音，一种声音认为这些服务失败事件主要是平台不可控的司机个人原因导致的，平台作为提供信息服务的中介机构是无辜的；另外一种声音却认为平台责无旁贷。面对第三方网约车司机的服务失败，为什么会存在两种不同的声音？站在乘客角度，遇到司机服务失败后在什么情况下会迁怒于平台？回答好这些问题是网约车平台企业可持续发展的关键。

　　目前学术界对于服务失败的研究主要基于传统的"顾客—企业"二元互动范式（于宝琴等，2018；杜建刚和范秀成，2012；Hoffman et al.，1995；Bitner et al.，1990），在该模式下服务提供者只有企业一个主体，能够清晰地界定责任。然而，如第三章指出，平台服务模式下通常是通过独立于平台的第三方服务者来完成服务接触和服务交付的，而第三方服务者并不是隶属于平台的员工，充其量只是一种合作伙伴，从而形成了"顾客—平台—服务者"三元互动范式。例如，美团和各个商家、爱彼迎和各个民宿、滴滴平台和大量的网约车司机，这种新的商业模式决定了平台企业的服务失败除了来源于企业本身外还更多地来源于第三方服务者，而第三方服务者的服务失败极有可能会牵连平台形成服务失败溢出。

平台企业的服务失败与传统企业大相径庭，基于传统企业服务失败的研究成果已经不适用于新兴的平台经济，而服务失败无差别的破坏性催促服务营销学者要尽快着手开展平台企业服务失败的研究。尽管有少数学者已经以平台企业为对象研究服务失败问题，但并未涉及平台企业特有的第三方服务者，没有脱离传统模式（Malhotra et al.，2017；胡瑶瑛等，2016）。唐建生等（2017）是少有的基于三元范式研究服务失败的学者，但其讨论的是平台的服务失败对核心服务者的影响。基于此，本章研究从乘客心理契约视角来探讨网约车司机服务失败对平台的溢出效应及其机理。在理论上，本章研究将丰富服务失败在平台服务背景下的研究，同时推动心理契约理论在营销学中的进一步应用和发展；在实践中，本章研究有助于网约车平台深刻理解乘客行为，从而指导网约车平台实施更加精细有效的服务补救策略。

第二节　研究假设

服务失败是指顾客所期望的服务未被达成（Bitner et al.，1990），很明显，当顾客感知到自己的内隐期望未被实现时便会产生心理契约破裂。已有研究证明，服务失败会导致心理契约破裂和心理契约违背（Malhotra et al.，2017）。值得注意的是，同样的服务失败并不会引起所有人的心理契约破裂。根据用户间心理契约的差异性，服务失败可被划分为心理契约内服务失败和心理契约外服务失败，其中，心理契约内服务失败会导致心理契约破裂。Montgomery等（2017）基于传统的"企业—顾客"二元互动关系情景开展了研究，发现当服务失败事件发生后，该事件在心理契约内的顾客产生了心理契约破裂，而心理契约外的顾客不受影响。本章研究试图将心理契约理论扩展到"平台—乘客—网约车司机"三元网络关系情景，即研究网约车司机个人原因导致的服务失败如何影响乘客对平台的反应。这就必须关注乘客的一种新的心理契约内容——平台是否应该对网约车司机个人原因导致的服务失败负责。如果顾客感知到这种心理契约破裂，他与平台的关系就可能受到影响，出现一系列负面反应，表现为追责平台、信任下降、态度恶化等。反之，如果乘客没有感知到心理契约破裂，就不会出现这种溢出效应。基于以上分析，提出如下假设。

H4-1：网约车司机服务失败后，心理契约破裂的乘客将对网约车平台产生负面的反应。

H4-1a：网约车司机服务失败后，心理契约破裂的乘客会对平台产生心理契约违背。

H4-1b：网约车司机服务失败后，心理契约破裂的乘客会认为平台有更多的责任。

H4-1c：网约车司机服务失败后，心理契约破裂的乘客会对平台有更低的信任。

H4-1d：网约车司机服务失败后，心理契约破裂的乘客会对平台有更负面的态度。

用户心理契约破裂之后产生失望、气愤等情绪上的反应即心理契约违背（Morrison and Robinson，1997）。乘客一旦产生强烈的负面情绪，就更难客观理性地认知平台和网约车的关系，区分各自的责任。因此，感受到心理契约违背的乘客会对平台产生更强烈的责任归因，以及降低对平台的信任，故有如下假设。

H4-2：乘客的心理契约违背正向影响平台归因。

H4-3：乘客的心理契约违背负向影响平台信任。

H4-4：乘客对平台的归因负向影响平台信任。

在消费者行为研究中，信任一直以来都是态度、忠诚度、重复购买意愿和推荐意愿这些表征顾客—品牌关系的重要前因变量，营销领域的学者常常引用信任变量来解释消费者行为的形成机理。仇立（2018）、王军（2016）、周健明等（2015）的研究表明，信任在顾客忠诚度形成中发挥中介作用，故提出如下假设。

H4-5：乘客对平台的信任正向影响平台态度。

根据以上分析，心理契约违背、平台归因和信任实际上起到了连续中介的作用。

H4-6：心理契约破裂通过心理契约违背、平台归因和信任最终影响乘客对平台的态度。

H4-6a：在心理契约破裂对态度的影响过程中，平台归因和信任起到了连续中介的作用。

H4-6b：在心理契约破裂对态度的影响过程中，心理契约违背和信任起到了连续中介的作用。

H4-6c：在心理契约破裂对态度的影响过程中，心理契约违背、平台归因和信任起到了连续中介的作用。

综合以上分析，本章研究构建如图4-1所示的概念模型。

图 4-1 概念模型

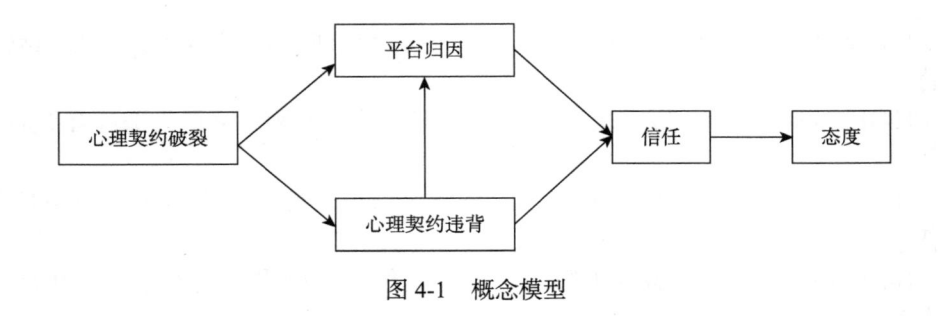

第三节 研究设计

一、样本特征

本章研究通过问卷星网站的收费服务发布问卷获得数据,共回收 600 份问卷,剔除无效问卷 178 份,最终获得 422 份有效样本,其中男性为 171 人(40.5%),女性为 251 人(59.5%)。422 个被试的年龄主要集中在 18~40 岁(93.3%),主要为熟悉滴滴网约车并且都有乘坐经历的网约车用户。

二、情景与问卷设计

在正式问卷进行前,首先进行预测试。预测试内容是调查几种常见网约车司机服务失败事件的心理契约内容。测试对象为经常乘坐滴滴网约车的在校大学生,预测试得到 38 份答卷。结果显示,对于"快车司机没有按照平台规划的路线行驶"这项服务失败事件,34.21%被试认为"平台曾明确承诺过或有义务对司机的绕路行为承担责任(意味着在心理契约内)",65.79%被试认为平台并没有过这种承诺(即在心理契约外)。这说明用户对于"平台明确承诺过或有义务确保快车司机不会出现绕路行为"有心理契约内外之分,故选取该服务失败事件作为情景内容。

本章研究基于现实中用户乘坐网约车的经历设计情景。情景的第一段介绍滴滴网约车平台,特别指出平台和网约车司机之间不同于传统企业—员工的关系:

"滴滴出行是中国最大的网约车平台,滴滴出行平台有三种类型的网约车:快车、专车和出租车,但是平台和这三种网约车之间都不存在人事或劳务上的关系,平台的主要功能是为乘客和司机双方提供匹配、导航、计费、支付等信息服务。"

第二段给出服务失败情景信息，信息中明确指出是网约车司机的个人原因：

"不久前的一个下午，您通过滴滴出行平台约了一辆滴滴快车去某饭店参加朋友聚会。上车后，司机说自己非常熟悉当地路况，所以强烈建议您不要按平台导航走，而是走一条不容易堵车但稍远的路线。您为了赶时间，就同意了。然而，结果发现这条路比平台预估路程远了一倍，而路上也时常堵车。到达结算时，车费比平台预估的高出了一倍。更糟糕是，您还是迟到了！"

为了保证调查对象能够更好地融入情景，本问卷中情景阅读时间限定为最少100秒。参考心理契约的定义（Rousseau，1989），用题项"在您看来，滴滴平台是否（明确或不明确的）承诺过或有义务确保快车司机不会出现上述行为？"测量被试对该服务失败事件的心理契约，并根据答案将样本划分为心理契约内外两组。其中，心理契约内被试人数为191人，心理契约外被试人数为231人。参考Montgomery等（2017）研究使用的量表，测量被试的情绪对平台的态度、信任及归因。此外，还调查了样本的基本信息及对滴滴网约车的熟悉程度和使用情况，并邀请多位营销领域学者及博士生审阅初始问卷，根据建议将情景内容和相关题项进行微调后得到定稿问卷。

第四节 实 证 结 果

一、信度和效度检验

先检验量表的信效度，所有变量的Cronbach's α系数均不低于0.743，表明本章研究的量表具有良好的信度（表4-1）。量表都是借鉴已有研究的成熟量表，内容效度有保证。通过验证性因子分析检验量表的聚合效度。对心理契约违背（PCV）、平台归因、信任和态度4个变量同时进行一阶验证性因子分析。模型拟合指标为χ^2/df=2.105，RMSEA=0.051，GFI=0.978，CFI=0.989，NFI=0.980，IFI=0.989，PGFI=0.456，PNFI=0.571，表明此模型可以接受，所有标准化因子载荷均不低于0.58，所有变量的AVE（average variance extracted，平均提取方差）值不低于0.532。4个变量具有良好的聚合效度。

表4-1 信度检验

变量	测量题项	Cronbach's α
PCV	快车司机出现这种行为，我会对平台很失望	0.856
	快车司机出现这种行为，我会对平台很生气	

续表

变量	测量题项	Cronbach's α
平台归因	平台应该对司机的行为负责	0.743
	平台在这件事情上是无辜的	
信任	碰到这种事会降低我对平台的信任	0.818
	碰到这种事会让我觉得平台不靠谱	
态度	这件事情会负面影响我对平台的态度	0.767
	经历这种事后，我会考虑减少使用这个平台	
	早知这样，我宁愿选择其他出行方式（如出租车）	

若某一潜变量 AVE 的平方根大于它与其他潜变量的相关系数则表明具备区分效度。依据这一思路，表 4-2 给出了 4 个潜变量 AVE 的平方根以及这些变量之间的相关系数，结果显示 4 个潜变量 AVE 的平方根均大于它与其他潜变量的相关系数，区分效度检验通过。

表 4-2　区别效度检验

变量	PCV	平台归因	信任	态度
PCV	0.867			
平台归因	0.600***	0.771		
信任	0.731***	0.629***	0.981	
态度	0.656***	0.586***	0.733***	0.730

***表示 $p<0.01$

二、假设检验

（一）方差分析

方差分析结果表明，心理契约内组比心理契约外组报告了更强烈的消极情绪（$M_{内}$=5.69，SD=0.935；$M_{外}$=4.754，SD=1.361；F=34.337，$p<0.01$）、更强烈的平台归因（$M_{内}$=5.288，SD=0.907；$M_{外}$=4.340，SD=1.278；F=23.534，$p<0.01$）、更低的信任（$M_{内}$=5.401，SD=0.945；$M_{外}$=4.707，SD=1.384；F=25.792，$p<0.01$）及更负面的态度（$M_{内}$=5.401，SD=0.882；$M_{外}$=4.712，SD=1.307；F=33.000，$p<0.01$），故 H4-1 的所有分假设全部成立。

（二）结构方程模型

应用 AMOS 21.0 软件进行结构方程模型估计，模型拟合结果见表 4-3，结果显示模型拟合较好。假设检验的结果如表 4-4 所示，从结果看，各条路径系数都通过了显著性检验。因此，H4-2、H4-3、H4-4、H4-5 均成立。

表 4-3 拟合系数

拟合指数	χ^2/df	GFI	AGFI	CFI	NFI	IFI	RESEA
结果	2.140	0.971	0.946	0.985	0.972	0.985	0.052
理想值	1~3	>0.9	>0.9	>0.9	>0.9	>0.9	≤0.08

表 4-4 路径系数

假设路径	标准化路径系数	S.E.	C.R.	p
心理契约破裂→心理契约违背	0.919	0.118	7.771	***
心理契约破裂→平台归因	0.440	0.112	3.942	***
心理契约违背→平台归因	0.630	0.053	11.886	***
平台归因→信任	−0.309	0.070	4.438	***
心理契约违背→信任	−0.570	0.066	8.608	***
信任→态度	0.743	0.063	11.761	***

***表示 $p<0.01$

（三）中介效应检验

运用 Mplus 软件对连续中介效应进行检验（5 000 次重复抽样），检验结果见表 4-5。由表 4-5 可知：①与 H4-6a 对应的路径间接效应值为 0.060，标准差为 0.020，p 值为 0.002，95%置信区间为[0.029, 0.107]，不包含 0，H4-6a 得到验证；②与 H4-6b 对应的路径间接效应值为 0.230，标准差为 0.042，p 值为 0.000，95%置信区间为[0.160, 0.321]，不包含 0，H4-6b 得到验证；③与 H4-6c 对应的路径间接效应值为 0.079，标准差为 0.031，p 值为 0.012，95%置信区间为[0.032, 0.150]，不包含 0，H4-6c 得到验证。

表 4-5 中介效应检验结果

假设	间接效应值	SD	p	95%置信区间
H4-6a：心理契约破裂→平台归因→信任→态度	0.060	0.020	0.002	[0.029, 0.107]
H4-6b：心理契约破裂→心理契约违背→信任→态度	0.230	0.042	0.000	[0.160, 0.321]
H4-6c：心理契约破裂→心理契约违背→平台归因→信任→态度	0.079	0.031	0.012	[0.032, 0.150]

第五节 结论与讨论

本章基于心理契约理论，从心理契约破裂的视角深入考察了网约车服务情景中第三方司机服务失败对平台溢出效应的影响机理。研究结果揭示了心理契约破裂对于溢出效应的关键作用,明确了溢出效应是通过心理契约违背、归因、信任的多重连续中介机制最终影响乘客对平台的态度。

一、研究贡献

首先,本章研究揭示了心理契约对于服务失败后果的决定性影响。同样的服务失败,造成的后果因人而异,反映了顾客心理契约的关键作用。过去的研究主要从客观角度分析服务失败,如将服务失败划分为结果型失败和过程型失败(Smith et al.,1999),以及程序性失败和互动性失败(彭军锋和汪涛,2007)。本章研究从主观角度将服务失败划分为心理契约内和心理契约外,前者导致心理契约破裂,从而产生更严重的服务失败后果。

其次,本章研究揭示了网约车司机服务失败溢出效应的作用机理。研究结果显示心理契约破裂通过三条中介作用路径来影响态度:心理契约破裂→平台归因→信任→态度、心理契约破裂→心理契约违背→信任→态度、心理契约破裂→心理契约违背→平台归因→信任→态度。心理契约破裂是基于认知的反应,心理契约违背是基于认知反应的情绪状态,心理契约违背在心理契约破裂之后,该结论与Morrison和Robinson(1997)提出的心理契约违背过程模型一致。此外,心理契约破裂可以直接导致用户的平台归因,并且通过心理契约违背的情绪作用间接加强平台归因。这三条中介作用路径都通过信任机制来影响最终的态度,这与现有相关研究结果具有一致性(Malhotra et al.,2017;赵冰等,2007)。

最后,本章研究关注的心理契约内容具有独特的三元结构,能够解释"顾客—平台—服务者"三元互动关系下产生的服务失败溢出效应,从而为平台服务失败情景提供新的理论视角。平台服务模式区别于传统"顾客—企业"二元互动关系的核心在于平台是服务的整合者,而不是直接的服务提供者。在平台服务情景中,与顾客直接接触完成服务的是独立于平台的第三方服务者,平台为网约车司机和乘客提供信息服务,撮合双方完成服务交易。在这种情况下,第三方服务者导致的服务失败有可能会溢出到平台。虽然平台在显性的法律契约上不需要为此承担责任和后果,但部分乘客在心理契约上认为平台负有责任和义务,故产生了针对平台的心理契约违背、信任下降及态度恶化等负面后果。因此,网约车司机服务失败是否对平台有溢出效应,取决于乘客对平台的心理契约内容。心理契约的作用如此强大,以至于网约车平台为了维持其用户群体忠诚和平台声誉,不得不或多或少地承担网约车司机服务失败的后果。在现实的营销实践中,以滴滴为代表的网约车平台都在提高网约车司机的门槛,通过加强对司机的管理,强化对服务全过程的质量控制。然而,这样做必将导致平台和司机的关系越来越紧密，使得基于共享经济理念的"乘客—平台—司机"三元互动关系逐渐退化为"乘客—平台"二元互动关系，网约车平台降维成为基于互联网的出租车公司。虽然服务质量得到了更大的保证，但网约车供给下降、价格上涨，使得网约车赖以迅速推广的便利性不复存在，最终损害了广大网约车消费者的整体福利。

二、管理启示

首先，鉴于网约车司机服务失败难以杜绝，平台必须做好服务补救的准备。目前，网约车平台企业在设计服务补救程序时没有细分乘客对象，如果不进行补救或补救不到位会严重损害顾客关系，如果一视同仁地进行补救则会增加补救成本。根据本章研究发现，平台应该针对不同顾客开展有差别的服务补救。具体来说，对于存在心理契约的顾客采取高强度的服务补救，而对于不存在心理契约的顾客可以淡化处理。一般来说，老用户往往有着更强的心理契约，这为制定精细化的服务补救策略提供了依据。

其次，网约车平台可以设法影响乘客的心理契约，朝着公平合理的方向改写心理契约的内容。有研究指出了影响顾客心理契约形成的外部因素，在外部因素中的商家因素主要是指商家不成文的、隐性的服务保证和承诺，这些服务保证和承诺会影响顾客心理契约的形成（冯颖如和程新伟，2017）。一方面，网约车平台在宣传推广的时候应该准确、清晰地传递其服务承诺，如坦承平台难以控制的第三方服务及其潜在风险。另一方面，网约车平台可以实施主动的沟通策略，就公众存在的一些误解进行澄清。例如，有不少人认为网约车司机是隶属于平台的员工，从而将网约车司机的任何过错都不加区分地归因到平台。平台可以发起多方利益主体广泛参与的社会讨论，就特定类型服务失败事件的责任如何在平台、司机和乘客之间进行认定或分配展开讨论。俗话说：真理越辩越明！网约车平台是近年来才出现的新商业模式，公众对具体服务中的规则难免存在一些模糊或者误解之处，这些都会反映到心理契约的内容上。平台积极主动的沟通能够增进乘客对平台—网约车关系的理解，使乘客更能接受网约车利益和风险并存的现实必要性，从而刷新乘客对平台的心理契约内容，避免乘客过度感知平台义务。

第五章 消费者对网约车平台的心理契约

第一节 引 言

移动互联网在极大地催生商业模式创新。交通出行领域诞生的 UBER、滴滴打车、易到用车等平台通过整合海量的私家车资源，提供了一种新的网约车出行方式，满足了用户低成本、个性化、高效率的出行需求，也促进了整个出行市场的高品质、多样性和差异化，得到了广大打车用户的热烈拥护。但是，社会仍然对网约车频发的服务失败存在较多诟病。虽然网约车服务失败主要源自车主，但矛盾却集中在网约车平台企业，在各种媒体上充斥着大量针对网约车平台企业的负面评价。

从诞生之初的好评和拥护，再到盛极时刻的质疑和不满，为什么用户对网约车平台的态度发生了如此大的变化呢？有人说，平台企业无力去监管、保证上千万的网约车司机的服务质量；有人说，平台受到资本的裹胁，偏离了初心；也有人说，平台不过是提供了一个连接私家车主和打车用户的媒介，平台不应该为私家车主的服务失败承担责任。的确，根据网约车平台提供的用户协议，平台契约承担的法律责任是有限的，但在现实中，很多用户对网约车平台的责任感知近乎无限。笔者认为，这种矛盾和对立反映了有形的经济契约和无形的心理契约之间的不一致，从而给网约车平台的运营、服务管理带来了巨大的挑战。

顾客在购买产品或服务时，与企业间的交换关系构成一种心理契约，它是顾客对企业应尽义务的感知和信念（Blancero and Ellram，1997）。我们注意到对于同一个服务失败事件，人们对网约车平台的不满是有差异的，这是因为每个人对平台的心理契约并不完全相同。这就非常需要从理论上对心理契约这一问题进行更加深入的探究，研究和解决好心理契约包括什么，以及心理契约的履行程度对品牌关系质量的影响等问题。

目前关于网约车平台心理契约的研究还没有见到，其中最大的障碍是缺少通过规范的程序对心理契约量表进行开发和检验的研究成果，网约车平台心理契约包含什么内容这一基本问题没有答案。因此，本章研究的第一个目的就是要通过规范的程序，编制出具有良好信度、效度的心理契约量表。为了进一步验证所开发量表的效度，研究以品牌关系质量作为效标，检验心理契约两个维度对网约车平台关系质量的预测作用。因此，本章研究的另一个目的是检验心理契约与品牌关系质量的关系，探讨心理契约的履行程度对网约车用户态度的影响，这有利于网约车平台企业改善其运营及服务质量。

第二节　理　论　基　础

一、心理契约的测量方式

通过梳理文献发现，目前学者们对顾客心理契约的研究大多集中于传统营销情景和电子商务情景。

（一）传统营销情景

罗海成（2005）首次结合本土化营销情景，开发了一个二维结构的顾客心理契约量表（表5-1）。

表5-1　顾客心理契约量表（一）

维度	题项
交易型心理契约	该店提供干净、整洁的服务设施，真心考虑顾客的卫生和舒适
	该店真心把顾客当熟客看，给予真正的价格优惠或免费服务
	该店会提供快捷的服务，不会浪费顾客的等待时间
	该店不会为了谋利向顾客推荐不合适的产品
	该店会向顾客详细解释顾客的疑问
	该店会听取顾客的意见
关系型心理契约	当出现服务失败时，该店会考虑顾客利益并主动承担责任
	该店会真心向顾客提供可靠、放心的优质服务

续表

维度	题项
关系型心理契约	该店诚心尊重顾客，不敷衍
	该店对提供的产品和服务做出长期的质量与信誉保证
	该店关心顾客的个人工作和生活
	该店真心重视与我的个人友谊关系

（二）电子商务情景

申学武和聂规划（2007）参考罗海成（2005）的心理契约量表，设计了电子商务情景中的顾客心理契约量表（表5-2）。

表 5-2　顾客心理契约量表（二）

维度	题项
交易型心理契约	该公司提供简洁高效的界面，真心考虑顾客的舒适
	该公司真心把顾客当熟客看，给予真正的价格优惠或免费服务
	该公司会提供快捷的服务，不会浪费顾客的等待时间
	该公司不会为了谋利向顾客推荐不合适的产品
	该公司会详细解释，认真处理顾客的疑问
	该公司提供售后服务，理解顾客的需求
关系型心理契约	一旦出现业务纠纷，该公司会考虑顾客利益并主动承担责任
	该公司会真心向顾客提供可靠、放心的优质服务
	该公司的售后人员是诚心尊重顾客，不敷衍
	该公司对出售的商品做出长期的质量和信誉保证
	该公司的售后人员真心关心顾客的个人工作和生活
	该公司真心重视与我的个人友谊关系

（三）品牌关系中的心理契约量表

游士兵等（2007）研究了品牌关系中顾客的心理契约，提出顾客的心理契约主要包括五个方面（表5-3）。然而，这五个方面实际上也可以归纳为两个维度，其中"质量和服务""价格"属于交易型心理契约，"常客奖励""社会和情感利益""沟通"属于关系型心理契约。

表 5-3 顾客心理契约量表（三）

维度	概念	题项
常客奖励	品牌向顾客提供因经常购买带来的附加利益	若经常购买，该品牌应该给予顾客折扣
		经常购买的顾客应该比不常购买的顾客有优惠
		经常购买的顾客应该享有某些免费服务
		经常购买的顾客应该得到相对于购买其他品牌更大的优惠
		经常购买的顾客应该能得到赠品
质量和服务	品牌在质量和服务方面的保证	该品牌能很好地满足顾客的实际需要
		该品牌的质量应让顾客感到满意
		查询该品牌不是一件难事
		该品牌的服务让顾客满意
		若出现问题，该品牌的解决方案会应该让顾客满意
社会和情感利益	品牌在社会和情感上给顾客带来的利益	该品牌应使顾客感到快乐
		该品牌可增加顾客的自信
		该品牌应该能提升顾客的个人形象
		该品牌应该能满足顾客的情感需要
		该品牌应该能增加顾客的生活乐趣
沟通	品牌与顾客之间的联系	该品牌应重视顾客的评价
		该品牌应及时回应顾客的意见和建议
		顾客应能方便地查询到该品牌的信息
		顾客应能及时地得到关于该品牌的最新信息
价格	品牌价格的合理性	该品牌的价格和用途应该相匹配
		该品牌的价格应该是合理的
		该品牌的价格是合适的

二、用户对网约车平台心理契约的特点

目前学者们对顾客心理契约的研究大多集中于传统营销领域，都是以普通企业（如美发店、维修店、银行）为对象，但是对于那些掌握关键资源、承担重要功能、占据特殊地位的企业，现有心理契约量表难以刻画消费者的心理契约内容。平台企业不直接向顾客提供产品或服务，而是链接市场的供给和需求主体，通过界面构建、交易、互动等机制实现双边用户的精确对接（阳镇，2018），因此是新型的市场组织。网约车平台有三个独特之处：其一，网约车平台和其用户主要通过 APP（application，应用程序）进行交换，没有现实中的服务接触；其二，网约车平台面向双边用户（车主和乘客）进行资源的整合与高效匹配；其三，网约车平台利用其先进技术和商业模式，聚集了海量的交通资源和数据资

源，特别是网约车服务的对象是有生命的个体，因此需要承担更多的社会责任。因为这几个特点，所以网约车用户与网约车平台的关系也具有不同于传统企业的特殊性。因此，采用规范的心理测量学方法编制一套量表来准确测量网约车用户对平台的心理契约显得很有必要。

本章研究基于现有心理契约理论作为框架进行量表开发，在量表开发的过程中充分考虑了网约车平台服务的特殊情况，所开发的量表既验证了现有心理契约的二维结构，又揭示了用户对网约车平台独特的心理契约内容，特别是对平台企业履行社会责任的期望。

第三节 网约车平台心理契约量表的编制

根据心理测量理论（Hinkin，2005），量表的编制主要经过 3 个阶段：①通过访谈、开放式问卷等方式收集原始资料；②对收集的原始资料进行编码、整理，初步形成封闭式的问卷；③运用初步编制的问卷进行小规模的预测，并对问卷进行质和量的修正、检验，形成正式的量表。

一、量表初始内容的生成

首先，设计心理契约的初始量表。一场由 7 名管理学专业老师组成的小型研讨会，大家根据心理契约的定义和自身经验分别提出心理契约的内容，再一项一项地讨论合适性。同时，从网络论坛关于网约车服务失败的帖子及留言中提取素材，再针对十多个商学院研究生进行访谈，询问其对网约车平台的心理契约内容，将几部分内容整合成一份初始问卷，包括 32 个测项。

其次，先后邀请 6 名营销专业及心理学专业的专家试填问卷，这些专家针对问卷表达的流畅性、引导语及测项表述的准确性、普通受访者的易懂性、问卷的美观性提出了大量意见，并和研究者反复研讨，合并了多个意思重复的题项，删除了 11 个题项，最终得到了包括 21 个题项的初始量表。

二、预测试

在正式问卷调查前进行小规模的预调查，有利于检测量表的可信度和数据的有效性。通过对调查数据的信度检验内部一致性及效度检验结构的合理性，预测试以北京、长沙、桂林三地的在职研究生（包括 MBA 学员和心理学专业硕士为对象。在职研究生的特点是既有较高的理解能力和丰富的社会经验，又有一定的理论知识，从而能够保证问卷的质量，有利于量表的进一步优化。通过问卷星采取网上调查的方式，共收回问卷 244 份，其中有效问卷数为 189 份，问卷有效率为 77.5%。对预调查的数据进行分析，将问项中的题项进行适当提炼和修改，使得正式调研的问卷更加有效。

通过探索性因子分析验证数据的基本结构，对题项进行因子分析。对收集到的数据进行 KMO 检验和 Bartlett's 球形检验。KMO 值为 0.936，接近 1，且 Bartlett's 球形检验的显著性概率为 0，因此量表适合做因子分析。然后采用主成分分析法进行因子分析。

在过去的研究中，不同研究者在进行问卷编制时，普遍以因素载荷量大小作为删除的准则，并将 0.40 作为取舍题项的临界值（Hinkin，2005）。每一个题项所对应的因子载荷量必须接近 1.0，但在其他因素的因子载荷量必须接近 0（有区别效度）。这意味着若该题项在所有因子的载荷量小于 0.40 或该题项因子载荷量有两个以上大于 0.40（横跨两个因子以上）时都须删除。根据该标准，共删除 7 个题项，然后对剩余的 14 个测量题项重新进行探索性因子分析。重新进行探索性因子分析后，用户的心理契约有三个公因子，每个公因子代表一个维度，三个公因子均大于 1，且总体解释为 71.764%。其中第一个公因子只包含两个题项，该题项内容与平台技术有关。第二个公因子包含 4 个题项，该题项内容与平台的核心服务内容有关。实际上，第一个公因子和第二个公因子的内容都属于交易层面。第三个公因子包含 8 个题项，这些题项都与平台企业的责任有关。

第四节　网约车用户心理契约量表的实证检验

一、样本特征

本章研究以在校大学生和他们的朋友为研究对象，通过网络问卷（问卷星）进行调查。在正式调查之前，我们收集了一部分被试的基本信息和邮箱，通过对符合要求的被试发送邮件的方式进行网络调查问卷，并告知参与者只要填写的问卷有效就可以获得人均 10 元的微信红包。选项采用 Likert 7 点法计分（1=完全不同意，7=完全同意）。

共发出问卷 480 份，回收问卷 252 份，剔除用时过短、选项集中的问卷，最终回收有效问卷数为 221 份，问卷有效率为 87.7%。样本分布情况如下：女性用户为 156 人，占样本总数的 70.6%；男性用户为 65 人，占样本总数的 29.4%。由于样本以大学生为主，故 18~25 岁的青年占大多数，达到样本总数的 96.4%，本科学历的人占 81.4%。在众多出行平台中，使用"滴滴"平台的用户占大多数，达到总样本数的 96.4%。经常使用网约车的样本为 149 个，占样本总数的 67.4%；偶尔使用的为 68 个，占样本总数的 30.8%。

二、项目分析

项目分析采用鉴别度分析法，是将每一个被试在心理契约问卷中各个题项的得分加总，并依高低排序，取总分前 27%的为高分组，后 27%的为低分组，对高低两组被试在每项得分平均数上的差异进行显著性检验，最后验定每道题项在高分组与低分组是否具有显著性差异，若达到显著性差异（$p<0.05$），则代表这一题项具有一定的鉴别力，予以保留；反之，予以删除（Babbie，2007）。鉴别度分析决断值显示，每一个问题项皆达显著水平（表 5-4），说明本章量表的问题项具有区分高分组与低分组的能力。

表 5-4 变量的描述统计

题项	均值	标准差	决断值 t	总分相关值
Q_1：平台的用户端软件符合人们的操作习惯	5.50	0.966	7.039	0.542
Q_2：平台的系统在技术上是可靠的	5.28	1.088	9.362	0.644
Q_3：平台收取的费用是公平合理的	4.97	1.181	9.635	0.660
Q_4：平台对行驶时间、距离及价格的预估是准确的	4.98	1.208	8.245	0.623
Q_5：平台提供了准确的导航定位服务	5.18	1.150	9.289	0.626
Q_6：平台高效地处理网约车订单	4.92	1.273	11.172	0.706
Q_7：平台会为其失误进行合理补偿	4.42	1.477	14.263	0.794
Q_8：平台保护了用户的隐私信息	4.44	1.619	15.609	0.798
Q_9：平台没有滥用其市场势力和大数据信息	4.33	1.421	16.846	0.803
Q_{10}：平台经营优先考虑了社会利益	4.22	1.407	13.460	0.740
Q_{11}：平台确保网约车司机和车辆合法合规	4.26	1.599	17.955	0.795
Q_{12}：不管什么类型的网约车（快车、出租车、顺风车等），平台都会承担同等的责任	4.36	1.539	15.468	0.784
Q_{13}：对于用户因使用平台导致的任何损害，平台都会承担责任	4.38	1.449	12.872	0.724
Q_{14}：平台注重自身（技术、规则及制度）的持续改进和完善	4.80	1.391	14.633	0.791

采用 SPSS 20.0 对样本数据进行描述统计分析，通过平均值和标准差数据来描述变量。均值表示变量整体的一个平均态势，标准差则描述整体数据以均值为中心的平均离散程度，题项的标准差大，说明被试在该题项上的得分分布比较广，该题项能够鉴别个体反应的差异；反之，说明被试在该题项上的得分在较小的范围内波动，该题项反映差异的鉴别力就较低（翁清雄等，2018）。在此理论

基础上，应剔除标准差低于 0.50 的题项和因子；经检验，所编制问卷各题项的标准差均大于 0.50（表5-4），说明问卷各题项的鉴别力较好。各题项与总分的相关性也达到了 0.01 的显著水平，相关系数处于 0.542~0.803，均高于 0.50，说明各题项内在一致性高。

三、探索性因子分析

为检查数据是否适合做因子分析，对样本数据进行 Bartlett's 球形检验，检验值为 2 008.236（$p<0.01$），说明各题项间有共享因素的可能性。同时，KMO 值为 0.913，说明数据适合作因子分析。对心理契约的 14 个题项进行探索性因子分析，经主成分分析，提取特征值大于 1 的因子，然后对因子分析的结果进行最大正交旋转，结合碎石图共提取出 2 个因子，见表5-5。"平台会为其失误进行合理赔偿"在两个维度上的因子载荷分别为 0.673 和 0.427，说明这一条目在两个维度上有一定的交叉，故将其删除。

表 5-5 探索性因子分析

测量题项	因子	
	关系型	交易型
Q_1：平台的用户端软件符合人们的操作习惯	0.259	0.559
Q_2：平台的系统在技术上是可靠的	0.326	0.642
Q_3：平台收取的费用是公平合理的	0.204	0.819
Q_4：平台对行驶时间、距离及价格的预估是准确的	0.131	0.848
Q_5：平台提供了准确的导航定位服务	0.200	0.763
Q_6：平台高效地处理网约车订单	0.374	0.674
Q_7：平台会为其失误进行合理补偿	0.673	0.427
Q_8：平台保护了用户的隐私信息	0.729	0.359
Q_9：平台没有滥用其市场势力和大数据信息	0.785	0.301
Q_{10}：平台经营优先考虑了社会利益	0.826	0.140
Q_{11}：平台确保网约车司机和车辆合法合规	0.812	0.244
Q_{12}：不管什么类型的网约车（快车、出租车、顺风车等），平台都会承担同等的责任	0.793	0.252
Q_{13}：对于用户因使用平台导致的任何损害，平台都会承担责任	0.790	0.154
Q_{14}：平台注重自身（技术、规则及制度）的持续改进和完善	0.727	0.356

由以上分析可知，网约车用户对平台的心理契约表现出 2 维度结构，结合各因素题项所表达的含义，我们将第一个因素命名为交易型心理契约，包含用户在每次交易中对平台本身的期望；将第二个因素命名为关系型心理契约，包含用户对平台自身发展方面应承担责任的期待。根据 Hinkin（2005）的建议，量表编制

时每一维度的最佳题项数量为 4~6 条,证明我们所编制的量表在条目数量上是比较合理的。

交易型心理契约是指网约车用户关注短期的、具体的、经济的互惠关系,追求短期的利益回报。一般来说,用户对平台的交易型心理契约包括两个部分的内容。首先,用户期望平台的技术服务能够令人满意,这也是网约车平台赖以存在的核心资产,如 APP 的易用性和可靠性、订单匹配的效率、导航的准确等。其次,用户还会期望平台制定的方案和规则包括价格机制、投诉机制、惩罚机制、评价机制、司机准入规则等能够令人接受,所以,在每次网约车服务的过程中,用户通过平台获得出行服务,平台通过用户订单获得经济收益,从而形成交易型心理契约。这一维度包含 6 个题项。

关系型心理契约是用户出于信任对平台更高水平的认同,是高于交易型心理契约的情感承诺。当用户多次或者预期多次通过特定平台获取网约车服务时,用户就可能会期望平台能给予对个人的支持,并希望能与平台维持长期的、社会情感的交换关系。网约车平台是不同于传统实体的在线服务企业,用户与平台基本上没有面对面的服务接触,只是通过 APP 进行交易,因此关系型心理契约的内容和传统的关系型心理契约内容(罗海成,2006)有着很大的区别。用户对网约车平台的心理契约主要涉及平台的责任。网约车平台企业作为利用社会闲散交通资源来提供出行服务并获得经济利益的企业,特别是那些已经取得较大规模具有市场地位的平台企业,必须承担相应的社会责任和义务,打造可信赖、负责任的企业形象。这一维度包含 7 个题项。

四、验证性因子分析

本章研究使用问卷星的付费调查服务,回收有效问卷 210 份。通过验证性因子分析进一步检验探索性因子分析得到的维度结构是否可以得到另外样本数据的支持。样本的分布特征如下:在性别方面,女性用户为 129 人,占样本总数的 61.43%;男性用户为 81 人,占样本总数的 38.57%。样本的年龄集中于 18~40 岁,占样本总数的 92.38%。本科/大专学历的人数最多,占样本总数的 85.24%。使用"滴滴出行"平台的用户占大多数,达到样本总数的 94.29%。经常使用网约车的样本为 129 个,占样本总数的 61.43%;偶尔使用网约车的样本为 80 个,占样本总数的 38.10%。

验证性因子分析是基于已有理论所建立的结构模型来界定一组相关的指标,需要事先建立模型。本章利用 AMOS 20.0 软件,采用结构方程模型进行。根据二维结构模型,对用户心理契约结构进行验证性分析。经分析,用户心理契约量表中各测量题项所属因子载荷的 t 值均超过 2,对因子的解释性较强。因此,用户的心理契

第五章 消费者对网约车平台的心理契约

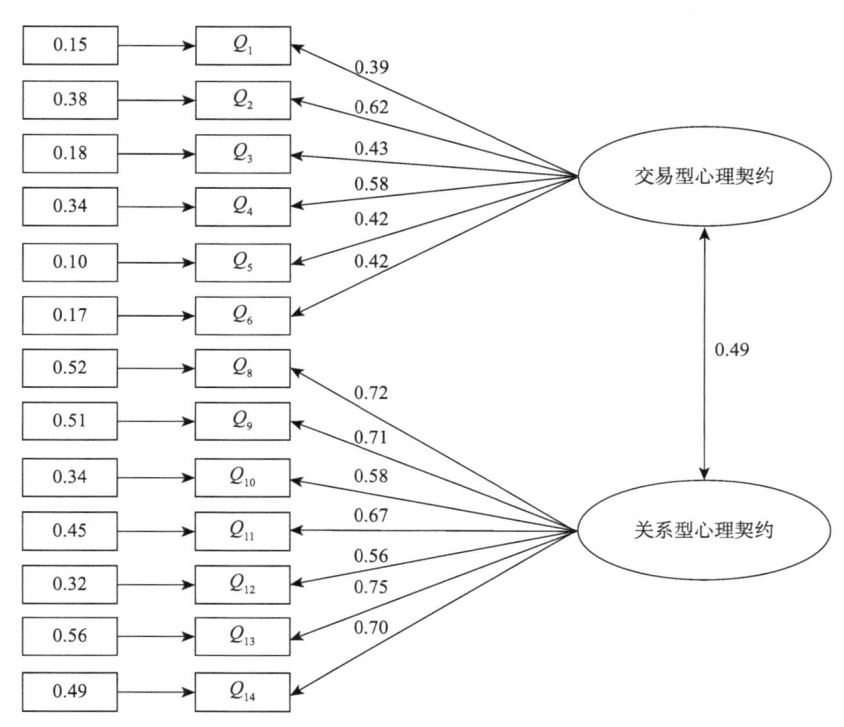

约收敛于交易型心理契约和关系型两个因子。验证性因子分析结果见图 5-1。

图 5-1 网约车用户心理契约二维结构模型

最后，对整个模型进行评价，选择了 RMR、RMESA、GFI、AGFI、IFI、CFI、TLI 等指标，具体数据见表 5-6。

表 5-6 拟合系数

拟合系数	χ^2/df	RMR	RMESA	GFI	AGFI	IFI	CFI	TLI
系数值	2.306	0.115	0.080	0.899	0.857	0.884	0.882	0.856

根据侯杰泰（2002）的观点，符合指标的数值范围是：χ^2/df 应该小于等于 3；GFI、AGFI 应大于 0.9，但大于 0.8 也可以接受；RMESA 在 0.05~0.08，表示模型可以接受。综合图 5-1 中的数据，本章构建的用户心理契约量表的二维结构模型整体拟合效果不错，说明用户心理契约二维结构模型是合理的。

五、信度分析

为确保所有题项在所属构面中都有高度的一致性，本章研究接着进行信度分析。Cronbach's α系数可用来评估被试对所有测试题项反应的一致程度,如果量表测量题项的 Cronbach's α系数越高,则说明测量指标的可信度就越高,通常大于 0.6 可以接受,大于 0.7 就表明量表的可靠性很高。同时,若发现将某一题项删除后反而增加其内部一致性者,则该题项应删除(Nunnally,1978)。这两个因子分别进行信度分析后,并未发现有删除某题项时可增加该分量表的信度,而且此量表 2 个因素内部一致性均大于 0.60,显示自编量表的信度较佳。交易型心理契约和关系型心理契约的 Cronbach's α分别为 0.636 和 0.850。

第五节　心理契约破裂对品牌关系质量的预测

在品牌关系研究领域,学者们将品牌关系质量作为衡量顾客与品牌之间的关系实质的重要变量,并把其界定为"品牌与消费者之间关系的强度与深度"(Fournier,1998)。强度是指品牌对消费者的影响力度,而深度则强调品牌—消费者关系互动的频率与相互依赖的层次。因此,有学者认为品牌关系质量可以作为反映品牌关系所创造的心理环境的一种隐性心理变量(姚作为和刘人怀,2010)。鉴于此,本章将以品牌关系质量作为效标,检验所开发的心理契约量表的预测效度。

一、心理契约破裂与网约车平台关系质量

心理契约作为交易双方未书面化的内隐契约和相互期望,包括一方感知另一方应对其履行的义务(Rousseau,1990)。心理契约破裂则是一方对另一方未能履行心理契约中义务和承诺的认知,在交互过程中,当一方感知到另一方未能履行其承诺或义务时,就会产生心理契约破裂(Morrison and Robinson,1997)。在网约车平台服务交互情景中,乘客对平台所传递的服务也存在相应的心理契约,当顾客感知平台未能履行其义务时,心理契约破裂随之产生。

就交易型心理契约而言,它是建立在短期回报和利益基础之上,主要关注具体的、短期的和经济的交互关系,它是指某一有限时期内的具体的、可货币化的交换(Rousseau,1990)。营销情景下的研究证实了交易型心理契约与行为忠诚意向直接相关(罗海成,2006)。交易型心理契约意味着平台向乘客承诺了明确的利益,如技术可靠性、网约车的效率及网约车出行的性价比。也就是说,乘客得到了与平台进行交换的心理保证,这将有助于坚定乘客与平台的交易信念,即通过该平台用户能够获得有形交易的公平,以及得到预期的功能价值。交易型心

理契约得到履行是乘客与平台建立长期关系的基础；反之，交易型心理契约的破裂将导致用户对平台的能力产生怀疑，从而使得用户与平台的关系受损。因此，我们假设。

H5-1：交易型心理契约破裂与平台关系质量存在负相关关系。

相对而言，关系型心理契约更多地关注广泛的、长期的、社会情感的交互关系，它除了经济方面的物质回报之外，还有来自较高卷入水平的情感投入，如对个人的支持、社会的关注等无形因素，它能产生较强的参与情感和归属感。研究表明，关系型心理契约是建立在信任基础之上的感知，是一种更高的情感承诺，是对交换伙伴更高程度的认同（Rousseau，1995）。关系型心理契约与平台关系质量都隐含着一种社会责任观点，关系型心理契约意味着平台向用户许诺了除功能价值之外的其他效用，如人身和隐私的安全、服务补救的保证、持续的改进等社会价值。关系型心理契约的履行将有助于用户与平台之间建立起一种社会的纽带，直接增强用户与平台关系的强度和深度；反之，关系型心理契约的破裂将损害用户与平台的关系质量。因此，我们假设。

H5-2：关系型心理契约破裂与平台关系质量存在负相关关系。

二、研究方法

（一）平台关系质量的测量

平台关系质量的测量是在 Fournier（1998）开发的品牌关系质量量表基础上，结合网约车服务情景和中国消费者的特点进行改编得到 18 个问项。量表采用 Likert 7 点法计分（1=完全不同意，7=完全同意）。

Fournier（1998）将品牌关系质量的维度分为伙伴品质、相互依赖、热爱、承诺、亲密性和自我联结。本章根据网约车平台的特点，选取了其中的 4 个维度测量用户与平台的品牌关系质量，具体测量题项见表 5-7。在本章研究中该量表的一致性信度都大于 0.7。

表 5-7 平台关系质量量表

维度	测量题项	Cronbach's α
伙伴品质	该网约车平台能够提高我的生活质量	0.842
	该网约车平台为我创造了价值	
	我相信该网约车平台在做决策的时候会最大限度考虑我的利益	
	该网约车平台很关心我这个用户	
	该网约车平台会很快回应用户的反馈意见	
	该网约车平台会倾听用户的意见	
	我信任该网约车平台	

续表

维度	测量题项	Cronbach's α
相互依赖	使用该网约车平台已经成为我生活中的一部分 我已经习惯使用该网约车平台 我在出行方面变得依赖该网约车平台 我依靠该网约车平台提供的便利	0.746
热爱	我真的很喜欢该网约车平台 我感觉该网约车平台很完美 我对该网约车平台有着其他平台无法替代的好感	0.890
承诺	为了使用该网约车平台,我愿意接受比现在略高一点的价格 我非常忠于该网约车平台 如果该网约车平台暂时不能使用,我会有点不适应 该网约车平台是如此令我满意,以至于我很少考虑其他网约车平台	0.747

(二) 研究被试

本章研究使用问卷星的付费调查服务,回收有效问卷 210 份。被试在完成心理契约调查之后,又填写了平台关系质量量表调查他们与网约车平台的关系质量。样本的分布情况在前文已经报告。

三、研究结果

(一) 相关分析

从均值来看,用户认为网约车平台履行交易型心理契约的程度($M=5.138$,$SD=0.879$)比较高,平台履行关系型心理契约的程度($M=4.398$,$SD=1.230$)则处于中等水平。在平台关系质量上,伙伴品质和相互依赖这两个维度的均值在 4 分以上,而承诺、热爱这两个维度的均值在 4 分之下。

用户心理契约破裂与平台关系质量四维度的相关系数如表 5-8 所示。从相关分析结果可以看出:交易型心理契约破裂和关系型心理契约破裂都与伙伴品质、相互依赖、热爱和承诺显著负相关。此外,关系型心理契约破裂与平台关系质量的负相关程度在绝对值上普遍更高。

表 5-8 相关系数

心理契约破裂	伙伴品质	相互依赖	热爱	承诺
交易型心理契约破裂	−0.455**	−0.254**	−0.303**	−0.248**
关系型心理契约破裂	−0.643**	−0.330**	−0.463**	−0.377**

**表示 $p < 0.05$

（二）回归分析

为检验提出的假设，本章分别以品牌关系质量的 4 个维度作为因变量进行回归分析。为考察不同维度心理契约破裂对结果影响的差异，本章分别检验了心理契约 2 个维度在不同情况下的增值效度。回归分析的结果如表 5-9 所示。

表 5-9　心理契约破裂对平台关系质量的回归分析

变量	伙伴品质 β	ΔR^2	相互依赖 β	ΔR^2	热爱 β	ΔR^2	承诺 β	ΔR^2
M1-1：交易型	−0.501***	0.020***	−0.355***	−0.208***	−0.408***	0.065***	−0.344***	0.069***
M1-2：交易型+关系型	−0.467***	0.205***	−0.280***	0.045***	−0.402***	0.114***	−0.355***	0.077***
M2-1：关系型	−0.516***	0.013***	−0.333***	0.204***	−0.461***	0.056***	−0.373***	0.064***
M2-2：关系型+交易型	−0.117	0.007	−0.124	0.004	−0.045	0.001	−0.042	0.001

***表示 $p<0.01$

注：回归中控制了性别、使用网约车频率两个变量；表中数值表示最后加入的自变量对应的 β 和 ΔR^2，如"M1-2：交易型+关系型"一行对应的数值表示在 M1-1 方程的基础上加入"关系型"后"关系型"对因变量的回归结果

模型 M1-1 和模型 M2-1 分别显示了在控制性别、使用网约车频率时，2 个维度心理契约破裂各自对平台关系质量 4 个子变量的回归分析结果。结果表明，交易型心理契约破裂对伙伴品质、相互依赖、热爱和承诺有显著的负向影响（$\beta=-0.501$，$p<0.01$；$\beta=-0.355$，$p<0.01$；$\beta=-0.408$，$p<0.01$；$\beta=-0.344$，$p<0.01$），关系型心理契约破裂对伙伴品质、相互依赖、热爱和承诺也有显著的负向影响（$\beta=-0.516$，$p<0.01$；$\beta=-0.333$，$p<0.01$；$\beta=-0.461$，$p<0.01$；$\beta=-0.373$，$p<0.01$）。

模型 M1-2 的结果表明，在控制交易型心理契约破裂时，关系型心理契约破裂对伙伴品质、相互依赖、热爱和承诺的增值效度均显著（$\Delta R^2=0.205$，$p<0.01$；$\Delta R^2=0.045$，$p<0.01$；$\Delta R^2=0.114$，$p<0.01$；$\Delta R^2=0.077$，$p<0.01$）。模型 M2-2 的结果表明，在控制关系型心理契约破裂时，交易型心理契约破裂对平台关系质量四维度的增值效度均不显著。

第六节　结论与讨论

本章实证分析了网约车用户对平台企业心理契约的结构并开发了测量工具，通过问卷调查获得的数据检验了 2 个维度的心理契约破裂对品牌关系质量的预测作用。

一、网约车平台心理契约的结构及量表信效度

心理契约量表的编制和修订严格按照心理测量学的原则开展，最后获得的以 2 个维度为核心内容的正式量表，经过预试和正式测试获得了较好的效度与信度。探索性因子分析、验证性因子分析的结果表明：量表的理论结构较好地拟合了实际获得的数据。网约车用户对平台的心理契约主要表现在交易型心理契约和关系型心理契约两个方面，这与现有关于心理契约的理论及实证结果保持一致。实证研究结果也说明，心理契约量表 2 个维度之间在内容和结构上是存在区分的，它们分别反映了心理契约的不同方面；另外，本章以品牌关系质量为效标对开发的量表进行了效度检验，结果进一步表明，心理契约 2 个维度的履行程度与品牌关系质量均呈显著正相关关系，能够很好地预测品牌关系质量。对量表的信度进行检验也显示，各分量表的内部一致性均高于 0.60，说明有关测量是可靠的。

本章研究结果验证了 Roehling（1997）、Rousseau（1990）分别在雇员—雇主关系情景和顾客—企业关系情景下提出的心理契约理论，并且将这一理论应用到网约车用户—网约车平台关系情景，深化和拓展了人们对网约车平台心理契约内容的理解。

二、网约车平台心理契约的内容

虽然本章研究发现心理契约表现出二维结构，即交易型和关系型心理契约，但网约车平台关系型心理契约的内容却表现出与以往研究不同的独特性。增值效度的检验结果表明，在心理契约的 2 个维度中，关系型心理契约对于品牌关系质量的增值效度最大，说明关系型心理契约的满足对于品牌关系质量的影响最大。这可能是因为关系型心理契约反映了网约车平台对社会责任的承担，这能够直接影响网约车用户对平台的信任及尊重，促使其对平台产生好感、依赖感及建立长期关系的动机。具体而言，用户对网约车平台的关系型心理契约主要包含其认为平台应该履行的社会责任，而传统的关系型心理契约内容在网约车平台情景下却没有体现。本章研究认为这和网约车平台承载了特殊的社会责任有关。

（一）互联网平台企业的社会责任

互联网平台是虚拟空间中信息流、资本流、受众流汇集的节点，也是现实社会架构在网络空间的投影。互联网平台的负责人需要承担其经济责任、法规责任与社会责任。互联网平台不仅是其所有者创造利润和财富的手段，也会对整个社会的伦理道德、思想文化的和谐发展产生重要影响（喻国明，2018）。因此，平

台经济活动不仅是一种经济行为，更是一种社会责任行为。在社会责任研究领域，同心圆模型作为一项重要的研究成果被广泛使用。1971年美国经济开发委员会发布的《商事公司的社会责任》报告中，提出两个大类和三个同心圈来对商业机构社会责任的概念与外延进行描述。最内层的圆是指平台机构的最基本责任，即经济责任；中间层的圆是指法律责任；最外层的圆是指社会责任，要求企业积极投入改善社会环境，起到配合社会价值的变化而运作的功能。

（二）网约车平台企业社会责任担当

当代社会，承担社会责任越来越成为企业可持续发展的战略选择。在现实中，大多数企业都会主动或被动地承担一定的社会责任，或者至少宣称要承担某些社会责任，网约车平台企业也不例外。但是，平台在不同发展阶段应该承担多少社会责任仍然没有形成共识。众所周知，承担社会责任需要付出代价，这种代价要么是牺牲经济利益，要么是牺牲发展速度。网约车平台企业作为掌握关键信息数据的中心主体，如果逃避应有的社会责任必将严重损害消费者的利益，最终被抛弃，而作为营利性企业组织，如果过多承担社会责任，最终成本可能还是会转移到全体消费者身上。目前，我国网约车平台企业尚处于"野蛮生长期"，平台规则和监管制度不够完善，网约车平台企业为快速占领市场而放松对车主资质的验证导致"问题司机"的产生，这反映了平台企业社会责任的缺失，在用户体验、人身安全方面造成的恶果已经开始反噬平台。

然而，必须指出互联网平台企业的社会责任问题不仅是市场范畴的经济问题，更是公共范畴的社会问题，单靠某个平台企业无法有效达到治理效果。因此，必须加强平台相关主体（平台、政府部门、社会组织、车主、用户）之间的协同联动、通力合作，发挥各主体在治理上的最佳优势，从而形成协同合作的治理网络。

（三）公众对网约车平台企业履行社会责任的期望

网约车平台企业是特殊的轻资产、高技术企业，它是无数用户及司机进行交易的入口和载体，掌握了海量的交通出行数据，它制定的规则和机制影响着国计民生。因此，公众除了期望平台企业履行交易型心理契约，即提供应有的技术功能外，还期望平台企业履行改善公共交通、保障司机乘客安全、保护隐私信息、服务补救、持续改进以增强社会福祉等社会责任。随着网约车平台企业的规模、实力不断增长，承担社会责任的必要性和能力都在增强，公众对其履行社会责任的期望也会越来越高，心理契约中对于社会责任的内容就会越来越多，越来越严格。

三、网约车平台心理契约破裂与品牌关系质量的关系

本章研究拓展了关于品牌关系质量的前因变量的研究。以往关于品牌关系质量的实证研究主要集中在探讨其后果，如 Fournier（1998）研究发现品牌拟人化能够带来更好的品牌关系质量。Park 等（2002）探讨了品牌关系质量对品牌延伸的影响。姚作为和刘人怀（2010）在服务消费背景下研究了品牌关系质量对顾客价值、顾客满意与购后行为的影响，揭示出显著的正向影响。施娟和唐冶（2011）研究了品牌关系质量对发生产品伤害事件的企业品牌的保护作用。较少有研究探讨品牌关系质量的影响因素，如汪旭晖和冯文琪（2017）探索了虚拟品牌社区中个体层面的社会互动对于改善品牌关系质量的作用及机理。本章研究将品牌关系质量作为结果变量，从心理契约的两个维度出发，分析心理契约破裂对用户—网约车平台关系质量的影响。

研究结果表明，两个维度的心理契约破裂与伙伴品质、相互依赖、热爱、承诺这 4 个变量均存在显著的负相关关系，这说明网约车用户心理契约破裂将损害品牌关系质量。其中，关系型心理契约破裂对网约车平台关系质量的影响最大。这表明，用户对网约车平台心理契约破裂能够显著预测其与平台的关系质量。

研究的结果虽然表明 2 个维度的心理契约破裂都与品牌关系质量之间存在负相关关系，但在作用程度上存在差异。在控制关系型心理契约破裂的作用时，交易型心理契约履行破裂与关系质量之间的相关性不显著。这说明，交易型心理契约是否得到满足对网约车用户产生的消极影响较小，但关系型心理契约如果没有得到满足则会产生较大程度的消极作用。

四、管理启示

根据调查结果，在用户看来，关系型心理契约履行的程度低于交易型心理契约履行的程度，这反映网约车平台在运营过程中重技术、轻社会责任。鉴于关系型心理契约破裂具有更为严重的后果，网约车平台应该调整其重点，重视用户的关系型心理契约。现实表明，通过补贴培养出来的网约车用户的行为忠诚度并不高，且容易受到其他平台的诱惑。在经济补贴不可持续的条件下，网约车平台要想巩固用户基础，除了在交易层面赢得用户满意外，要特别重视与用户建立长期的关系，着力打造负责任的平台形象。

具体而言，平台必须采取措施保护好用户的隐私。加强对网约车司机的准入审核和监管，如果为了抢占市场而降低网约车门槛，或者放松监管，将导致网约车司机队伍龙蛇混杂，整体的素质降低，进而降低用户的体验。此外，平台要特别重视服务补救工作。虽然网约车司机与平台并没有雇佣关系，但是在部分乘客

的心目中却倾向平台应该为司机承担服务失败的责任。网约车有多种类型，如专车、快车和顺风车，按理说平台为它们承担的责任是有区别的，但是部分网约车用户倾向忽略它们的差异。由于心理契约是主观的信念，它与客观的法律契约是不同的，难免带有片面性和武断性。平台一方面要对自身提出更高的要求，通过自我革命、持续改进以满足用户严苛的期望；另一方面可以通过合适的途径开展公共关系活动，增进社会对网约车平台的理解，从而改写其心理契约中的某些内容。某些特定的服务失败到底是司机、乘客还是平台的责任？考虑到网约车是一个新事物，必然出现很多新情况和新问题，此时让社会各方面都参与到这种讨论中来有利于明晰责任，形成共识，最终也会让用户的心理契约朝有利于平台发展的方向改变。

第六章　消费者对外卖平台的心理契约

第一节　引　　言

　　平台经济已经成为推动国内经济发展和供给侧结构性改革的重要新动能（卓越和王玉喜，2019），中国最著名的品牌几乎都是平台型的数字企业，外卖平台更是解决了无数人的即时饮食需求。但是，国内媒体对平台型企业责任缺失的负面报道屡见不鲜，如"违规餐饮商家入驻""外卖制造垃圾""泄露用户信息"等，这些问题严重影响了顾客对平台服务质量及声望的感知。根据用户协议，平台作为第三方信息服务商承担的法律责任是有限的，但是很多顾客对平台却有着各种主观上的责任感知。这种差异反映了有形经济契约和无形心理契约之间的不一致，从而给平台企业的运营和服务管理带来了挑战。

　　平台型企业必须关注消费者的期望，并深刻理解顾客心理契约对于平台服务价值创造和平台商业生态圈运行的重要意义。这就非常需要从理论上对平台型企业顾客心理契约这一问题进行更加深入的探究，研究和解决好顾客心理契约包括什么，以及顾客心理契约对后续态度和行为的影响等一系列问题。

　　目前，平台经济中关于顾客心理契约的实证研究大多局限在顾客与线上商家关系的探讨（Malhotra et al.，2017；Guo et al.，2015；Pavlou and Gefen，2005），而极少有学者涉及顾客对网络交易平台责任的感知，关于平台型企业顾客心理契约的实证研究较为有限。平台型企业与传统企业相比具有市场角色多样、影响关系复杂、社会属性凸显等特点，需要对网络交易平台情景下心理契约的内容进行更加深入的理论探讨，从而帮助平台型企业与顾客建立更加长期而稳固的交换关系。目前的一个研究障碍就是国内学者对平台型企业顾客心理契约量表开发和检验的研究（王小娟等，2017；申学武等，2007）只是一般情景下的心理契约维度的推演，没有体现出平台型企业顾客心理契约的独特性，导致人们对平台型企业顾客心理契约包含哪些特有内容依然存在困惑。因此，本章研究的目的就是通过规范的程序探索平台型企业心理契约的结构、编制平台型企业心理契约量表。

由于平台型企业与传统企业有很多不同，本章在探索网络交易平台情景下的心理契约维度、编制心理契约量表前需要厘清平台型企业的特点，并以此为依据开展后续研究。本章研究将从顾客与网络交易平台互动的视角，对平台型企业顾客心理契约进行界定，并以外卖平台为例，对顾客心理契约进行探索性研究。本章研究针对外卖平台交易的情景，设计一个相对全面、可靠和有效的顾客心理契约量表，通过探索性因子分析探索网络交易平台背景下的心理契约维度，并对顾客心理契约量表进行验证性因子分析和信度与效度检验。

第二节 外卖平台企业的特点

一、市场角色多样

在平台经济中，外卖平台企业扮演着多种角色。在平台型企业所处的商业圈内，它不仅以一般企业的角色运作，还扮演着交易市场、信息管理者、市场监管者等其他角色。第一，交易市场。平台型企业所提供的重要服务就是为供需双方构建完善的线上交易平台，这个线上交易平台本质上就是交易市场。商家在平台宣传、售卖商品，消费者购买中意的产品，通过线上支付、线下交易的方式最终完成产品的流通。第二，信息管理者。一方面，电子商务的大部分环节都在线上进行，平台型企业凭借线上交易市场角色具有收集市场主体信息和交易信息的天然优势（朱晓娟和李铭，2020），平台型企业要为信息安全负责；另一方面，线上交易具有非接触的特点，消费者难以获取商品的真实信息，商家也无法确切得知买家的真实情况，在信息模糊的情况下，平台型企业作为信息传递的中间媒介要为信息的真实性负责。第三，市场监管者。平台经济的监管主要是"政府+平台"的二元监管模式（汪旭晖和张其林，2015）。由于平台经济的双边市场特性和交叉网络外部性，政府监管难以兼顾交易各方利益（Armstrong，2006）。平台型企业凭借积累的庞大信息库及内部用户的准入权协助政府部门对平台内经营者和消费者进行监督和管理（朱晓娟和李铭，2020）。

二、影响关系复杂

平台生态圈中各主体之间具有复杂的影响关系，这种复杂影响主要体现为交叉影响和延伸影响两方面。第一，交叉影响。相较于传统企业，平台型企业的独特之处在于基于互联网平台链接双边市场用户，而交叉网络效应是双边市场区别于传统市场的最根本特征（Evans，2003）。交叉网络效应表现为平台型企业中一方用户的现状和变化都可能会对另一方市场用户产生影响。Chu 和 Manchanda（2016）就指出卖方（买方）的用户基数会对买方（卖方）的用户基数有交叉网络影响，如外卖平台商户较多会吸引更多的消费者进入平台。第二，延伸影响。平台型企业或平台商家的行为不仅会对自身产生影响，还会在平台或整体商家内产生延伸影响，往往会出现"公地悲剧"和"公地繁荣"（汪旭晖和张其林，2017）现象。网络营销中心理契约违背带来的影响会延伸到对其他网络商家的整体感知（Pavlou and Gefen，2005）。

三、社会属性凸显

平台型企业参与社会服务供给、社会服务和商业服务的边界逐渐模糊（王俐和周向红，2018）。第一，平台型企业的成立在某种程度上就是为了解决特定的社会问题、满足特定社会需要（肖红军和李平，2019）。例如，外卖平台面对广泛的社会大众，提供食品供应等基本的民生领域的社会服务，因此具有一定的公共性功能。第二，平台型企业的社会角色也体现着服务社会的属性。由于网络交易平台的身份属性不只有企业，故要求网络交易平台承担具有特殊内容的社会责任，是正当且合理的（朱晓娟和李铭，2020）。平台型企业作为信息管理者要对公共信息的安全性负责，作为市场监管者要对利益相关群体行为的合法性进行监督，防范机会主义行为的出现。第三，平台型企业社会责任履行过程也具有社会性的特点。平台型企业不仅要直接履行自身社会责任，还要利用自身的影响力，引导具有关联性的企业、非营利组织甚至普通用户共同解决与其有关联的社会问题（朱晓娟和李铭，2020）。例如，外卖平台为选择"无餐具"选项的用户提供奖励，引导用户履行环境保护义务。由于平台型企业具有社会功能性，社会对其有更高的社会责任期望，平台型企业在履行社会责任时会受到更加广泛的监督（肖红军和李平，2019）。

第三节 外卖平台心理契约的量表编制

一、心理契约量表的编制过程

在量表设计过程中，我们主要遵循了 Churchill（1979）四项量表开发原则：①正确概念界定原则；②代表性题项原则；③多题项测度原则；④信度、效度原则。

（一）初始题项的确定

心理契约的内容在操作上包括三方面的含义：①顾客心理契约的内容与客观约定相关联；②顾客单方面感知到平台型企业的承诺就可以成为心理契约的内容；③心理契约还包括双方认可的惯常做法（陈加洲等，2001）。基于上述内容，本章采用归纳法和关键事件法等，编制顾客心理契约的初始量表。

通过外卖平台的在线评论收集数据。对饿了么和美团外卖 APP 在应用商店的 5.9 万评论进行分析，了解顾客对两家外卖平台有关责任履行的评价，寻找反复出现造成"好评""差评"的事项，如"APP 闪退""红包无法使用""客服处理问题及时"等。

采用关键事件法收集数据。向以某省属财经类大学工商管理学院研究生为主体的 43 个外卖平台 APP 使用者收集数据。向这 43 个被试询问问题："作为一名顾客，您认为外卖平台明确或隐含地承诺过会承担哪些责任和义务，或您觉得您和外卖平台双方都认可平台需要履行哪些惯常责任和义务，请简单列举。"共发出问卷 43 份，回收 244 项回答。

通过网页访问收集数据。为了弥补以上两种数据收集方式的不足，我们还浏览了知乎、今日头条、微博等自媒体平台关于外卖平台责任履行的热点报道，以及报道的读者评论。例如，"在新冠疫情期间，为保障顾客安全提供无接触配送服务"等。

通过对上述结果的整理和归纳，根据具有重复意义的描述，最后得到 32 个初始题项。

（二）评定与修改初始问卷

本章研究邀请一位应用心理学专家、一位营销学专家、一个电子商务专业硕士研究生、三个市场营销专业硕士研究生对测量题项进行了审核，以检验测量题项内容的适用性。同时，邀请他们提出初始题项中并未包含，但他们关注的题项，并提出措辞方面的修改意见。根据他们的建议，增添了 3 项测量题项，并修改了部分题项的措辞。最终编制出的初始问卷包括 35 个题项。

（三）预测试

预测试收集问卷 201 份，其中回收有效问卷 165 份。依据预测试的数据分析结果，删除因素负荷量有两个以上大于 0.40 的题项。同时再次邀请专家审阅，经过专家的讨论，合并了一些同义题项，剔除了一个题项，增补了两个题项。最终确定了 19 个题项，编制出正式问卷。

二、外卖平台心理契约量表的实证检验

（一）测试过程与对象

本章研究以外卖平台顾客为研究对象，发放网络调查问卷，参与问卷填写的被试将获得 6 元代金券作为奖励。测量题项为"请以您最常用的外卖平台为对象，您是否同意该外卖平台承诺了（或者有义务）做到：平台收取的费用（如配送费、会员费）合理（请注意，不是要评价平台实际的表现，而是您觉得平台在多大程度上应该做到）"。选择项采用 Likert 7 点法计分（1=完全不同意，7=完全同意）。共收回问卷 534 份，有效问卷 426 份，有效问卷率 79.78%。样本概况如表 6-1 所示。

表 6-1 样本概况

人口统计特征		人数/人	百分比	人口统计特征		人数/人	百分比
性别	男	132	31.0%	主要身份	学生	221	51.9%
	女	294	69.0%		上班族	183	43.0%
年龄	17 岁及以下	2	0.5%		自由职业者	17	4.0%
	18~30 岁	342	80.3%		其他	5	1.2%
	31~40 岁	73	17.1%	使用频率	很少	87	20.4%
	41 岁及以上	9	2.1%		比较少	92	21.6%
受教育程度	高中及以下	13	3.1%		一般	108	25.4%
	大专/本科	358	84.0%		比较多	114	26.8%
	研究生及以上	55	12.9%		非常多	25	5.9%

（二）探索性因子分析

在进行因子分析前，将 426 份有效样本随机等分为两组，分别用于探索性因子分析（N=213）和验证性因子分析（N=213）。差异检验结果显示，两组样本在人

口统计特征上基本没有显著差异。Bartlett's 球形检验值为 2 795.747（$p<0.000$），KMO 值为 0.950，支持进行因子分析。

对量表的 19 个题项进行探索性因子分析，采用主成分分析法，提取特征值大于 1 的因子，并结合碎石图，抽取出 2 个公因子。为保证区别效度，删除在两个因子上负荷量均小于 0.40 或均大于 0.40（横跨两个因素）的题项。在本章研究中，"诚心诚意对待顾客""推送有用信息不误导""不断改善服务质量"3 个问项在 2 个维度上有一定的交叉，将其删除。再次进行探索性因子分析。结果表明，顾客心理契约的结构主要包括 2 个维度，累计方差解释达到 61.272%，比较理想。结合题项所表达的含义和以往的研究（Rousseau，1990），将其分别命名为交易型心理契约（transactional psychological contract，TPC）和关系型心理契约（relational psychological contract，RPC）。最终因子分析情况见表 6-2。

表 6-2　因子结构及各题项因子载荷

题项	因子载荷 TPC	因子载荷 RPC
Q_1：收取的费用合理	0.648	0.261
Q_2：产品和服务满足不同需求	0.699	0.387
Q_3：配送服务快捷及时	0.680	0.193
Q_4：优惠活动真实有效	0.690	0.295
Q_5：第三方商家可靠	0.633	0.383
Q_6：APP 界面友好，易于使用	0.775	0.144
Q_7：APP 在技术上稳定可靠	0.771	0.336
Q_8：不断更新优化软件系统	0.578	0.390
Q_9：APP 运行流畅，不卡顿	0.617	0.245
Q_{10}：关心顾客的长期利益	0.342	0.755
Q_{11}：对常用顾客有额外的关心	0.289	0.665
Q_{12}：尊重并保护用户隐私	0.378	0.689
Q_{13}：配送员遵守交通规则	0.288	0.805
Q_{14}：对合作商家出现的服务问题积极处理，负责到底	0.393	0.776
Q_{15}：努力解决外卖带来的环境问题	0.210	0.828
Q_{16}：关心公众福祉，积极承担社会责任	0.245	0.847
方差解释	30.179%	31.093%
累计方差解释	61.272%	

由于平台型企业在交易市场中扮演着多样化的角色，在界定交易型心理契约概念时要关注平台型企业的多类角色，而不能延续一般界定方法——仅从企业角

色出发理解交易型心理契约内涵。本章研究认为交易型心理契约建立在利益基础和短期回报之上，是顾客对平台型企业同时作为企业、交易市场、信息管理者和市场监督者等多角色的责任和义务的感知和认定。交易型心理契约强调顾客与平台的利益关系。

本章研究还认为关系型心理契约建立在长期回报和关系基础上，是基于顾客对平台型企业在关系发展方面的责任、义务的感知和认定。关系型心理契约强调顾客自身与网络交易平台的情感关系，在这种关系中网络交易平台会更加关注顾客的得失。同时，由于平台型企业具有显著的社会属性，关系型心理契约不仅应该包括自身与顾客关系发展的责任，还包括顾客对平台型企业社会责任和义务的感知与认定，强调消费者作为社会成员对平台型企业和社会关系的感知，在这种关系中网络交易平台还要注重公众和社会的得失。

（三）验证性因子分析

通过验证性因子分析对量表进一步优化，并验证探索性因子分析得到的二维结构是否得到另外样本数据的支持。初步分析结果显示"收取的费用合理""配送服务快捷及时""不断更新优化软件系统""APP 运行流畅，不卡顿""对常用顾客有额外的关心"的标准化载荷系数低于 0.7 的标准，给予剔除。"产品和服务满足不同需求"标准化载荷系数为 0.699，其他题项标准化载荷系数均大于 0.7 的标准，给予保留。最终交易型心理契约包含 5 个题项，关系型心理契约包含 6 个题项。Hinkin（2005）建议，量表中单一维度所包含的最佳题项数量为 4~6 条（翁清雄等，2018），因此本量表的题项数量较为合理。

再次进行验证性因子分析。模型的绝对拟合指数 χ^2/df 小于 3，均方根残差 RMR 接近 0.05，近似误差均方根 RMSEA 小于 0.08，GFI 为 0.921，PGFI 大于 0.500，模型的简约性较好；相对拟合指数 NFI、RFI 等均达到了 0.90 以上，因此，模型的整体拟合情况较好，拟合系数见表 6-3。

表 6-3 拟合系数

χ^2/df	RMR	RMSEA	GFI	PGFI	NFI	RFI	CFI	IFI	TLI
2.324	0.051	0.079	0.921	0.600	0.940	0.923	0.965	0.955	0.965

进一步通过因子载荷检验内敛效度。11 个题项的标准化载荷基本都超过了 0.7 的标准，而且全部通过了 t 检验，在 $p<0.01$ 的水平上显著。交易型心理契约和关系型心理契约的 AVE 值分别为 0.551 和 0.696，均大于 0.500（解释了题项 50%以上的方差），说明我们设计的量表有很好的内敛效度，内敛效度检验情况见表 6-4。

第六章 消费者对外卖平台的心理契约

表 6-4 内敛效度检验

维度	题项	标准化载荷	t 值	p	AVE
TPC	TPC_1：该外卖平台上的产品和服务能够满足顾客的不同需求	0.690	75.177	***	0.551
	TPC_2：该外卖平台推出的优惠活动真实有效	0.739	66.556	***	
	TPC_3：该外卖平台合作的第三方商家是可靠的	0.813	66.898	***	
	TPC_4：该外卖平台的 APP 界面友好，易于使用	0.691	79.436	***	
	TPC_5：该外卖平台的 APP 在技术上稳定可靠	0.771	83.747	***	
RPC	RPC_1：该外卖平台关心顾客的长期利益（健康、幸福、成长等）	0.809	56.806	***	0.696
	RPC_2：该外卖平台尊重并保护顾客的个人资料和隐私信息	0.827	64.511	***	
	RPC_3：该外卖平台确保外卖配送员遵守交通规则，不危害公共安全	0.855	63.327	***	
	RPC_4：该外卖平台对合作商家出现的服务问题积极处理，负责到底	0.845	64.071	***	
	RPC_5：该外卖平台努力解决外卖带来的环境问题	0.849	55.902	***	
	RPC_6：该外卖平台关心公众福祉，积极承担社会责任	0.820	63.919	***	

***表示 $p<0.01$

进行区别效度检验。交易型心理契约和关系型心理契约的 AVE 值平方根分别为 0.742 和 0.834，大于二者之间的相关系数 0.678（表 6-5）。心理契约的两个维度可以有效区分，量表的区别效度较好。这再一次说明平台型企业的顾客心理契约划分为交易型心理契约和关系型心理契约两个维度是合理的。区别效度检验见表 6-5。

表 6-5 区别效度检验

变量	TPC	RPC
TPC	0.742	
RPC	0.678***	0.834

***表示 $p<0.01$

（四）项目分析

项目分析是对题项鉴别度的分析。首先，计算每一个被试在心理契约量表中的总分；其次，依据总分将样本划分为高分组（总分排名前 27%）和低分组（总分排名后 27%）；最后，对两组被试的每个题项得分进行差异检验。不具有显著差异的题项被认为鉴别力不足，给予删除。差异检验结果显示，每一个题项都达到了显著水平（$p<0.01$），高分组和低分组得到有效区分，因此本量表的鉴别度较好。

标准差的大小反映了被试得分分布的范围。题项的标准差大，说明被试得分分布的范围较广，能够鉴别个体反应的差异（翁清雄等，2018）。经检验，顾客心理契约量表每个题项的标准差都大于 1.0，说明各个题项的鉴别能力较好。另外，各题项与总分的相关系数处于 0.645~0.845，均达到了显著水平（$p<0.01$），题项之间的内在一致性高，题项分析见表 6-6。

表 6-6 题项分析

题项	决断值（t 值）	与总分相关（r 值）	标准差
TPC_1	−17.236***	0.717***	1.162
TPC_2	−18.474***	0.708***	1.260
TPC_3	−18.496***	0.756***	1.249
TPC_4	−14.019***	0.645***	1.086
TPC_5	−20.388***	0.748***	1.024
RPC_1	−23.382***	0.810***	1.343
RPC_2	−21.964***	0.804***	1.370
RPC_3	−27.385***	0.823***	1.309
RPC_4	−27.931***	0.845***	1.282
RPC_5	−24.050***	0.803***	1.361
RPC_6	−23.276***	0.799***	1.231

***表示 $p<0.01$

（五）信度分析

信度分析即内部一致性分析。首先，通过验证性因子分析结果计算总量表和维度分量表的组合信度（composite reliability）值。为了对量表信度进行进一步的验证，我们利用 426 个被试样本估计量表的 Cronbach's α 值。信度分析结果显示，心理契约量表及其两个维度的组合信度值和 Cronbach's α 值都超过了 0.7 的临界标准。同时，未发现有删除某问项可以增加某一维度量表信度或整体量表信度的情况，因此本量表信度较好，信度检验见表 6-7。

表 6-7 信度检验

变量	Cronbach's α	组合信度
PC	0.931	0.859
TPC	0.860	0.932
RPC	0.927	0.949

（六）预测效度分析

预测效度是指量表预测外部行为变量的能力。有研究指出，心理契约对契约双方关系中信任和承诺的水平有积极的影响（Kingshott and Pecotich, 2007），还有研究也确认了企业和顾客之间建立的心理契约与顾客信任之间存在显著影响（罗海成和范秀成，2005）。就本章而言，需要检验顾客的心理契约是否可以很

第六章 消费者对外卖平台的心理契约

好预测之后的消费者态度。本章以"您是否信任该外卖平台（M=3.96，SD=0.764）"对消费者的态度进行简单测量。为了考察心理契约对信任的影响，以识别的两种心理契约维度为自变量建立回归模型。从表6-8的结果可知，心理契约的"交易"和"关系"两个维度对顾客信任产生显著的正向影响。心理契约能够预测信任，和现有研究一致，说明了量表具有良好的预测效度。

表6-8 预测效度检验

维度	信任	
	标准化系数	t
TPC	0.169***	2.920
RPC	0.407***	7.052
	调整R^2=0.288；$F(2, 423)=86.890$***	

***表示 $p<0.01$

第四节 结论与讨论

本章说明了网络交易平台情境下顾客心理契约量表的开发与验证过程。最终得到的外卖平台心理契约量表包括2个维度，11个测量题项，其中，交易型心理契约5个题项，关系型心理契约6个题项。本章量表可以帮助外卖平台企业更好地理解顾客的心理需求。

一、研究贡献

开发了适用于外卖平台的心理契约量表。目前鲜有针对平台型企业的顾客心理契约量表。本章研究首次开发了针对外卖平台的心理契约量表，由此扩大了顾客心理契约的研究范围，为平台型企业提供了有效的顾客心理契约测量工具。本章不仅是传统心理契约理论在营销情景中的推进和深化，也是对平台型企业社会责任研究的扩展，为平台型企业顾客心理契约的后续研究奠定了基础。

顾客对平台的心理契约凸显了平台责任担当，反映了平台型企业的特征。本章研究结果验证了Rousseau（1990）对心理契约维度划分的结论。与一般营销情景类似，顾客对外卖平台的心理契约也可以划分为交易型心理契约和关系型心理契约两个维度，但是在量表的开发过程中，我们发现与一般的顾客心理契约不同，外卖平台的顾客心理契约包含了新的内容。一方面，外卖平台在平台商业生态圈中扮演着多样性的角色。在心理契约的过程中顾客会认为平台型企业应该同时承担多角色的责任,这就使得心理契约的内容更加广泛。例如,顾客认为"该外卖平台合作的第三方商家是可靠的",这实际上就是对平台型企业作为市场监管者责任的感知。另一方面,平台型企业社会属性凸显,企业履行社会责任已经以关系型心理契约的形式存在。尤其是在与平台型企业运营过程直接相关的社会责任方面,顾客认为企业必须要关注自身与公众和社会的关系。这可能是由于顾客缺少了和平台型企业的直接接触,传统意义上的人情关系被淡化,取而代之为对平台承担社会责任的要求。

关系型心理契约对于外卖平台顾客更加重要。心理契约量表预测效度检验结果显示,心理契约的两个维度对顾客信任产生正向影响。心理契约代表了平台许诺的责任和义务,有助于增强顾客对平台型企业的信念。交易型心理契约可以降低顾客在交易中的不安全感,关系型心理契约有利于增强顾客与企业的情感联系。感知风险的降低和情感的强化,自然有利于顾客信任形成。另外,检验结果还显示关系型心理契约对顾客信任的预测能力(β=0.407,$p<0.01$)比交易型心理契约(β=0.169,$p<0.01$)更强。这可能是由于交易型心理契约带来的感知风险降低属于较低层次的需求,而关系型心理契约涉及了社交和尊重的需求。因此当低层次的安全需求得到基本满足后,顾客会更加关注情感的联系,形成一个从警觉度下降到关系升温的关系强化过程。同时,随着关系深入,情感依恋对持续信任的作用越来越强,安全利益持续信任的影响则逐渐减弱(赵宏霞等,2014),因此当顾客感知到较强的关系型心理契约时更易产生对外卖平台企业的信任。

二、管理启示

从企业管理的角度来说。第一,外卖平台在以正式契约有效管理自身与顾客关系的同时,还应该重视顾客与企业交易背后的心理机制。为了更理性地解释顾客行为,需要洞悉顾客心理契约的内容和动态发展规律。第二,企业在履行基本交易责任时还要关注自身的多元化的角色,发挥网络和信息技术的优势,更多满足顾客在交易关系中的内隐需求;在优化线上线下服务的同时,外卖平台企业还要积极履行社会责任,在努力与顾客建立良好关系的同时还要建立与社会、公众的关系,促使顾客交易型心理契约的形成。第三,通过顾客心理契约的强化,建立顾客与企业的信任关系。为了减少双方关系中的心理约束,尤其要关注关系型心理契约的建立。在推进顾客忠诚形成的基础上,获取更高的顾客终身价值。

第七章 直播观众对带货主播的心理契约

第一节 引　　言

2020 年，在新冠疫情影响之下，多产业的"云复工"、消费者"云逛街、云购物"的热情高涨，助推了直播营销模式的发展。直播带货成为疫情后国内经济尤其是网络经济的重要推手（陈海权等，2020），直播购物也已成为消费者重要的线上购买方式。但是，作为还处在发展初级阶段的新型营销方式，主播带货不断出现许多新的问题。例如，引发网友热议的"不粘锅""即食燕窝"等带货"翻车"事件，极大地降低了消费者对带货主播的信任，影响了直播行业的健康发展。目前，关于直播营销的研究还处于起步阶段，直播带货中的理论研究明显落后于实践发展（陈海权等，2020）。绝大多数学者关注网络直播特征/主播特征（刘忠宇等，2020）及其对消费者购买意愿的影响（陈海权等，2020；刘凤军等，2020；孟陆等，2020；Tong，2017）。这些研究很好地解释了"直播营销产品销量远远高于传统营销模式"这一现象的内在机制，但是开展卓有成效的社会化营销不能仅仅满足于单次消费。消费者与主播之间如何建立关系？消费者与主播之间的关系将如何发展？这一系列问题都需要进行更加深刻的理论研究。因此，本章研究将引入心理契约理论，探索消费者与带货主播之间的长期关系。心理契约是消费者对带货主播许诺承担的非书面、隐性的责任和义务的主观感知与信念。相较于一般商家，带货主播往往会更加全面地展示商品和服务，与消费者之间有更加充分的信息交流，在这个互动过程中消费者更容易感受到带货主播无意间的承诺，形成心理契约。

营销领域关于心理契约的研究较多，涉及渠道成员关系（Blancero and Ellram，1997；Lusch and Brown，1996）、消费者与线下线上商家关系（王小娟等，2017；梁文玲和刘燕，2014；Pavlou and Gefen，2005）、消费者与平台企业关系（She et al.，2020；杨建春等，2020）等多个方面。本章研究通过对文献的梳理，并未发现心理契约理论在"消费者—主播关系"中的系统化研究，尚缺少通过规范的程序对心理契约量表进行开发和检验的研究成果，人们对心理契约包含什么这一基本问题依然存在困惑。因此本章研究的目的就是通过规范的程序编制消费者对职业带货主播的心理契约量表并进行效度和信度检验。

第二节 直播营销的特点

  直播营销是在成熟的网络直播技术的基础上（吴娜等，2020）形成的以网络平台为依托的新型营销方式（Tong，2017）。具体来说，就是以移动电商平台为载体，以商品销售为目的，主播借助直播技术与通信工具，实时在线对商品进行全方位的展示与解说，并与消费者开展即时互动，为消费者提供引导、咨询与答疑，以激发消费者购买行为的在线直播购物模式（郑红娥，2020）。

  目前，直播营销中的一个研究热点是消费者的购买意愿或行为。学者们从主播/直播特性（陈海权等，2020；刘凤军等，2020；刘平胜和石永东，2020；刘忠宇等，2020；孟陆等，2020；Tong，2017）和社会临场感（冯俊和路梅，2020；龚潇潇等，2019；谢莹等，2019）两个方面对消费者的单次直播中的购买决策进行了大量研究。生动又真实的带货直播对消费者产生强有力的影响，使消费者感觉置身其中，并刺激消费者的购买欲望和行为，这一点在消费者的冲动性购买中显得更加突出。此外，也有研究关注直播营销中顾客持续观看意愿（Hu et al.，2017）、顾客信任（陈迎欣等，2021；Wongkitrungrueng and Assarut，2020）、顾客契合（孟艳华等，2020）等消费者认知和持续参与行为。

  直播营销中的研究集中于关注消费者短期的购买行为，对于如何帮助直播中"消费者—主播"建立关系的认识不足，这表现为目前研究的一个短板。由于"直播翻车"引发的抱怨和不满也表明了打造"消费者—主播"长期关系的重要性与迫切性。从心理契约角度来理解消费者和主播之间的互动为直播行业开展关系营销提供了新的视角。

第三节 直播营销中消费者对主播心理契约的特点分析

  带货主播是电子商务发展中产生的新主体，其连接了商家和顾客，并在交易过程中处于中心地位，拥有极大的权力，也负有特殊的责任，从而发展出一种新型的消费者—主播关系。消费者在直播营销中会同时面临带货主播和商家两大交易主体。职业带货主播往往并不是商家的员工，而更多是以商家合作者的身份出现，同时又具有专业、可信的社会形象，因此在直播带货情景下消费者会同时形成对商家和带货主播的心理契约。与一般情况不同的是，消费者会在对商家的心理契约之外单独形成一套针对带货主播的心理契约。这两套心理契约在内容、强度、形成逻辑等方面存在着巨大的差异（表7-1）。

表 7-1 直播营销中消费者对不同主体心理契约的比较

特点	消费者对职业带货主播的心理契约	消费者对商家的心理契约
内容	丰富	一般
强度	强	一般
形成逻辑	交易接触→关系强化；关系强化→交易接触	交易接触→关系强化

一、消费者对主播心理契约的内容更丰富

带货主播并不是简单的商品推销人员，而是公认的意见领袖（邱燕飞，2021；韩箫亦和许正良，2020），能够塑造他人想法，并且对普通群众具有影响力（Aleahmad et al.，2016）。尤其是某些知名主播已经成为广受社会关注的公众人物。相较于一般商家，消费者对带货主播已经有了更进一步的期望。带货主播不但需要对交易负责，还需要维系自身形象并承担社会责任（于建华和赵宇，2020）。这就意味着消费者对带货主播的心理契约内容会更加广泛，将包含更多社会属性的内容。此外，在直播营销中法律责任的不明确和主播身份的叠加（邱燕飞，2021），消费者难以对交易责任进行精确的归因，从而可能会导致责任的溢出。一般来说，商品质量和售后问题的责任主体是商家，但是在直播营销中消费者往往会认为直接接触的带货主播也应该为此负责，导致心理契约的内容被扩充。

二、消费者对主播心理契约的程度更强

心理契约是感知的承诺，其形成是个体"信息—解码—契约"的认知过程（Rousseau，1995）。在直播营销中，消费者最直接接触到的是作为宣传者的带货主播，消费者获得的信息也更多来自主播而不是商家，因此消费者对带货主播的心理契约可能会更加强烈。在一般的线上交易中，消费者更多是单方面获取商

家提供的文字和图片信息,而在直播电商的交易中,带货主播可以综合运用语言、图片、文字将信息传递给消费者(苏海雨,2021),使消费者对承诺的感知更加真实。此外,消费者还可以通过互动将获取的信息与主播进行确认,这进一步加深了消费者对承诺的感知,强化了心理契约。尤其要注意的是,消费者与带货主播之间不局限于简单的交易关系,作为粉丝消费者还可能会将主播视为"偶像",付诸更多情感,因此关系型心理契约会比一般情景下更强。

三、消费者对主播心理契约有新的形成逻辑

消费者与商家的关系是建立在交易基础上的,因此,虽然关系型心理契约包含着超越交易关系的情感规范,但是我们不难发现,消费者与线上、线下商家的关系型心理契约仍然建立在交易基础上。例如,"客服应该文明礼貌",虽然文明礼貌属于情感的关怀,但是这仅仅是围绕着交易过程的关系维系。消费者与带货主播的关系则不然,带货主播可以凭借自身的独特性聚集"粉丝",并直接依靠"粉丝"的信赖感进行商业活动(苏海雨,2021)。因此,消费者对带货主播的关系型心理契约并不完全建立在交易之上。即便没有产生交易,消费者仍然会期望带货主播给予粉丝应有的尊重。换言之,消费者与一般商家的关系建立是"交易接触→关系强化"的过程,而带货主播可以将这个过程逆转,即"关系强化→交易接触"。

基于以上分析,很有必要探索消费者对带货主播的心理契约,特别是心理契约的维度和具体内容,并在此基础上探讨心理契约的动态性质。

第四节 消费者对主播心理契约的扎根研究

一、调研实施

本章研究对 150 个具有观看网络购物直播经历的大学生进行了访谈。大学生样本适合这项研究,因为大学生群体在中国拥有最高的互联网普及率,是直播带货的重要消费者。事实上,大学生往往是网络创新的早期采用者,可以代表一般群体的行为方向。在访谈中,询问所有受访者"作为一名消费者,您认为带货主播明确或隐含地承诺过承担哪些责任和义务,或您觉得带货主播需要履行哪些惯常责任和义务,请简单列举"。在访谈结束后,本章研究对回收的文本资料进行编码。其中,115 个受访者的文本资料作为初始资料库进行编码,剩余 35 个受访

者的文本资料用于饱和度检验。

二、数据编码

（一）开放式编码

开放式编码是通过对原始资料的分析和比较将关键现象概念化、范畴化的过程，包括"贴标签→概念化→范畴化"三个步骤。在筛除与主题无关的资料后，本章研究共保留 469 条相关的陈述语句。随后，对访谈资料进行编码，尤其对具有 3 次以上重复意义的原始语句进行概念化和范畴化。在尽量排除个人预设和偏见后得到 8 个重点概念，并最终提炼出 5 个重要范畴（表 7-2），分别为售前责任、销售责任、售后责任、关系责任和社会责任。

表 7-2　开放式编码结果

原始资料语句	贴标签	概念化	范畴化
主播介绍产品前自己必须已经使用和了解过；直播带货前主播应了解产品信息和商家资质	熟悉产品	销售准备	售前责任
根据商品真实情况介绍商品属性；不得夸大产品功效欺骗消费者；主播在直播过程中应保障信息真实、合法；不得对商品和服务进行虚假宣传，欺骗和误导消费者	真实宣传	商品信息	销售责任
不隐瞒所卖产品的缺点；对潜在的购买风险进行告知和提示；对关系消费者安全的重要信息不能回避、隐藏	风险提示		
商品质量要有保障；主播不得销售"三无产品"，不售假贩假；推荐产品与最终发货产品不能"货不对板"	质量保障	商品品质	
主播不得在直播过程中哄抬商品价格；产品的价格适宜；保证货物的价格合理，与市场价格相差不大	价格合理	商品价格	
对产品的售后服务负责；在出现产品问题的时候，应当积极退货或主动赔偿，不得推卸责任	售后保障	售后服务	售后责任
作为主播必须对粉丝负责、关心粉丝；关注粉丝的感受；对消费者给予适当的关怀	适当关怀	顾客关系	关系责任
不得出售和泄露消费者的个人隐私；主播应当保护客户隐私，不能恶意曝光顾客；带货主播要承担保护消费者隐私的义务	隐私保护		
在直播过程中主播应该注意自己的言语规范；不能辱骂消费者，不能引导粉丝攻击他人；直播过程无暴力、色情、欺诈行为	言行文明	直播互动	
主播要知法守法，做好榜样；根据主播带货的情况不同其扮演的法律角色也各不相同；主播在直播和生活中都应遵守国家法律法规	遵纪守法	公众形象	社会责任
当出现重大社会危机事件时，主播应做出贡献；主播应关心社会福祉	公众利益		

（二）主轴编码

主轴编码是对开放式编码得到的子范畴之间的关系进行进一步的梳理，发现各个子范畴之间的逻辑关系，从而将相似主题的子范畴归为一类，提炼出主范畴。本章研究结合现有关于心理契约的文献研究发展出 2 个主范畴（表 7-3）。

表 7-3　主轴编码结果

主范畴	子范畴	内涵
交易型心理契约	售前责任	交易型心理契约建立在利益基础和短期回报之上，是顾客对网络主播的责任和义务的感知和认定，强调顾客与网络主播的利益关系
	销售责任	
	售后责任	
关系型心理契约	关系责任	关系型心理契约建立在长期回报和关系基础上，是基于顾客对网络主播在关系发展方面的责任、义务的感知，并延伸到消费者作为粉丝和社会成员对网络主播社会责任的认定
	社会责任	

（三）选择性编码及饱和度检验

选择性编码将对主范畴进行进一步的精炼和整合，并从中挖掘核心范畴。通过对交易型心理契约和关系型心理契约两个主范畴比较发现，可以用心理契约这一核心范畴来统领二者，即消费者对主播的心理契约包含交易型心理契约和关系型心理契约两个维度（图 7-1）。

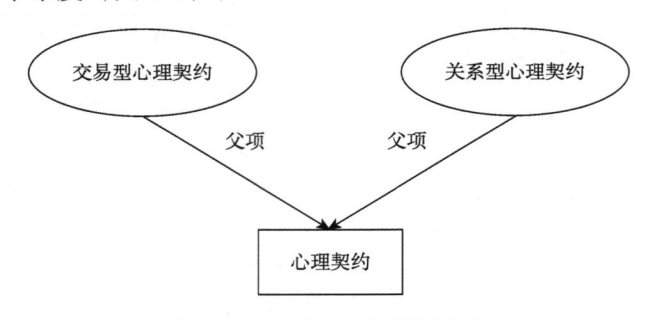

图 7-1　消费者心理契约模型

饱和度检验是是否停止采样的依据。基于编码结果，本章研究追加预留的 35 个样本按照上述流程重新编码。结果显示并未发现新的范畴及其联结关系，本章研究所归纳的心理契约维度已经达到理论饱和。

第五节　消费者对主播心理契约测量量表的编制

一、初始测量题项生成及完善

根据访谈资料的编码结果生成初始题项池，并整合和筛选有关消费者心理契约的成熟量表对初始题项池进行完善补充，共得到 22 个原始题项。之后邀请 8 个常看带货直播的消费者对原始题项的可读性进行审阅，并由 3 位营销领域专家对题项的适当性和问卷的科学性进行审查，删除或合并个别不准确的、具有重复性的题项后，得到由 18 个初步优化的题项组成的预试问卷。

二、预试与量表提纯

预试采用网络法发放问卷，共发放 273 份，收回问卷 237 份，其中有效问卷 152 份。所有题项均采用 Likert 7 点法计分（1=完全不同意，7=完全同意）。根据一般的要求：①题项的 CITI 系数不低于 0.5（Churchill，1979）；②每个题项删除后的信度系数不高于量表整体信度系数（杨萍等，2020）；③题项的共同度不低于 0.4（翁清雄等，2018）。分析结果显示：题项的 CITC 系数介于 0.538~0.758，均高于 0.5；删除项后的 Cronbach's α 值在 0.928~0.934，量表的整体 Cronbach's α 值为 0.935；共同度在 0.508~0.858。所有的题项暂时给予保留。

对初始量表进一步做探索性因子分析。KMO 为 0.910；Bartlett's 球形检验的 χ^2 为 2 045.978，df 为 153，p 值小于 0.01，初始数据适合做因子分析。公因子方差低于 0.5（赵慧军和王娟娟，2019）、因子载荷低于 0.4 或横跨两个维度（翁清雄等，2018）的题项均应删除。数据分析结果显示，3 个题项横跨两个维度，被删除。初试最终剩余 15 个题项，具有一个清晰的二维结构。

三、正试与量表检验

正试阶段采用问卷星调研平台提供的样本服务功能收集数据，并继续采用网络法发放问卷作为补充。要求受访者回忆最熟悉的带货主播，并以该主播为对象填写问卷。问项采用 Likert 7 点法计分（1=完全不同意，7=完全同意）。

最终得到 420 份有效问卷。样本的分布情况如下：从性别上看，男性占 39.5%，女性占 60.5%；从年龄上看，18 岁以下占 0.2%，18~30 岁占 54.3%，31~40 岁占 36.0%，41~50 岁占 7.1%，50 岁以上占 2.4%；从受教育程度上看，初中及以下占 0.7%，高中/中专占 3.3%，本科/大专占 86.2%，研究生及以上占 9.8%；从观看次数上看，3.8%观看带货直播次数非常少，8.6%观看带货直播次数比较少，27.9%观看带货直播次数一般，48.1%观看带货直播次数比较多，11.7%观看带货直播次数非常多。

（一）探索性因子分析

将 420 份有效问卷平均随机分为两部分。第一部分样本用于探索性因子分析（N=210），第二部分用于验证性因子分析（N=210）。差异检验显示，两部分样本在性别、年龄、受教育程度等方面不存在显著的差异。

采用 SPSS 24.0 软件对第一批数据进行探索性因子分析。为了检验数据是否适合做探索性因子分析，对数据进行 Bartlett's 球形检验，χ^2 为 1 508.046，df 为 105，p 值小于 0.01，说明各题项间有共享因素的可能。同时计算 KMO 值为 0.930，说明数据适合做因子分析。之后采用主成分分析法，提取特征值大于 1 的因子，再对因子分析结果进行最大正交旋转。"该主播应维护消费者的利益""该主播应该有社会责任感""该主播应该保持良好的公众形象"3 个题项的因子载荷同时在两个因子上大于 0.4，给予剔除。再次进行探索性因子分析，"该主播在直播中应与观众进行有效的互动"所在维度不稳定且因子载荷过低，给予剔除。最终的探索性因子分析结果表明，消费者对带货主播的心理契约分为 2 个维度，累计解释方差贡献率为 60.677%（表 7-4）。延续定性分析结果和各因素题项所表达的含义，两个因子命名为交易型心理契约和关系型心理契约。

表 7-4　探索性因子分析

题项	因子载荷 交易型心理契约	因子载荷 关系型心理契约
Q_1：该主播应如实介绍商品信息，不夸大或虚假宣传	0.820	0.253
Q_2：该主播应全面介绍商品信息，不回避商品缺陷	0.837	0.154
Q_3：该主播应对潜在购买风险进行告知和提示	0.820	0.173
Q_4：该主播发起的优惠活动应真实有效	0.708	0.375
Q_5：该主播应熟悉推荐商品的性能和属性信息	0.737	0.231
Q_6：该主播应关心他的粉丝	0.121	0.721
Q_7：该主播应尊重直播间的观众	0.106	0.796
Q_8：该主播应保护消费者的个人资料和隐私安全	0.348	0.672
Q_9：该主播应对合作商家出现的服务问题负责到底	0.287	0.522
Q_{10}：该主播在直播中应文明礼貌	0.213	0.742
Q_{11}：该主播不论在直播还是生活中都应该遵纪守法	0.258	0.710
累计解释方差贡献率	31.182%	60.677%

（二）验证性因子分析

验证性因子分析进一步检验探索性因子分析得到的二维结构是否得到另外样本数据的支持。本章研究采用 AMOS 24.0 对第二批数据进行验证性因子分析。"Q_6：该主播应关心他的粉丝"的标准化因子载荷低于 0.5 的标准（那梦帆等，2019），给予剔除。

最终的数据分析结果显示，模型的配适度良好，绝对拟合指数 χ^2/df 为 1.309，均方根残差 RMR 为 0.04，小于 0.05，近似误差均方根 RMSEA 为 0.038，小于 0.05 的理想水平，GFI 为 0.959，大于 0.95，PGFI 为 0.593，大于 0.50，表明模型的简约性较好。相对拟合指数 NFI 为 0.944，RFI 为 0.926，IFI 为 0.986，TLI 为 0.986，CFI 为 0.986，都达到了 0.90 以上的理想水平，说明模型的结构是合理的（翁清雄等，2018）。由表 7-5 可知，各个观测变量在相应的潜变量上的标准化载荷系数均大于 0.5 的最低标准，而且全部通过了 t 检验，在 $p < 0.01$ 的水平上显著，各个题项的误差也小于 0.70，这说明各变量具有良好的收敛效度（翁清雄和席酉民，2011）。

表 7-5 验证性因子分析

维度	题项	标准化因子载荷	题项误差
交易型心理契约	Q_1：该主播应如实介绍商品信息，不夸大或虚假宣传	0.840***	0.260
	Q_2：该主播应全面介绍商品信息，不回避商品缺陷	0.767***	0.460
	Q_3：该主播应对潜在购买风险进行告知和提示	0.725***	0.470
	Q_4：该主播发起的优惠活动应真实有效	0.720***	0.400
	Q_5：该主播应熟悉推荐商品的性能和属性信息	0.630***	0.420
关系型心理契约	Q_7：该主播应尊重直播间的观众	0.576***	0.480
	Q_8：该主播应保护消费者的个人资料和隐私安全	0.697***	0.400
	Q_9：该主播应对合作商家出现的服务问题负责到底	0.578***	0.580
	Q_{10}：该主播在直播中应文明礼貌	0.719***	0.300
	Q_{11}：该主播不论在直播还是生活中都应该遵纪守法	0.738***	0.340

***表示 $p < 0.01$

进行区别效度检验。由表 7-6 可知，交易型心理契约和关系型心理契约的 AVE 值平方根分别为 0.740 和 0.665，大于二者之间的相关系数 0.526，表明心理契约的两个维度可以有效区分，量表的区别效度较好。这再一次说明消费者对带货主播的心理契约划分为交易型心理契约和关系型心理契约两个维度是合理的。

表 7-6 区别效度检验

维度	交易型心理契约	关系型心理契约
交易型心理契约	0.740	
关系型心理契约	0.526***	0.665

***表示 $p < 0.01$

（三）信度分析

信度分析即内部一致性分析。通过验证性因子分析结果计算总量表和维度分量表的组合信度值。为了对量表信度进行进一步的验证，我们利用全部 420 个受访者样本估计量表的 Cronbach's α 值。由表 7-7 可知，心理契约量表及其两个维度的组合信度值和 Cronbach's α 值都超过了 0.7 的临界标准。同时，未发现有删除某问项可以增加某一维度量表信度或整体量表信度的情况，因此本章量表信度较好。

表 7-7　信度检验

变量	Cronbach's α	组合信度
交易型心理契约	0.853	0.857
关系型心理契约	0.793	0.797
心理契约	0.852	0.906

第六节　结论与讨论

一、研究结论

首先，本章研究在消费者对主播心理契约质性研究的基础上，严格按照心理测量学的原则编制和修订心理契约量表。经过专家甄别、预测试和正式测试，最终的量表获得了良好的信度与效度。初步的扎根分析获得了清晰的二维结构，消费者心理契约包含交易型心理契约和关系型心理契约两个维度。探索性因子分析和验证性因子分析的结果进一步表明实证数据较好地拟合了理论结构。

其次，本章研究将消费者心理契约的研究从静态推向动态，基于关系生命周期理论说明了直播营销情景下的消费者心理契约的差异与变化。消费者心理契约随着关系阶段的深化而加强，这种变化趋势在成长期—成熟期阶段和交易型心理契约上更显著。具体来说，心理契约及其两个维度在成长期到成熟期的过程中变得更强，交易型心理契约比关系型心理契约变强的幅度更大。此外，无论在哪个阶段，关系型心理契约都强于交易型心理契约，但随着关系阶段的深化而逐渐紧密。

二、研究贡献

本章研究的贡献主要体现在以下两个方面。

第一，目前学者们对消费者心理契约的研究大多局限于传统的线下营销领域（梁文玲和刘燕，2014；马妍等，2013；阳林，2010），虽也有涉及网络商家

（王小娟等，2017；林艳和王志增，2016；申学武等，2007）、平台企业（She et al.，2020；杨建春等，2020）等线上市场主体，但并未涉及带货主播这种新型市场主体。已有研究开发的消费者心理契约量表都不适用于直播营销情景，消费者—带货主播之间的心理契约研究还是空白，尤其是缺乏心理契约量表。本章研究选取职业带货主播作为研究对象，开发了在直播营销情景下的消费者对主播的心理契约量表，具有良好的信度与效度，能够为进一步研究提供基础性的理论与工具。将心理契约的研究引入全新的直播营销情景中，丰富了消费者行为领域的心理契约研究。

第二，消费者对主播心理契约量表的开发，深化和拓展了人们对消费者心理契约内容的理解。一般认为消费者心理契约包含交易型心理契约与关系型心理契约两个维度（杨建春等，2020；马妍等，2013；阳林，2010），也有少数学者提出消费者心理契约包含多个维度的观点（郭海玲和胡若静，2018；王小娟等，2017；Guo et al.，2015）。我们的研究与已有的主流观点一致，在直播营销情景下消费者心理契约包含交易型心理契约与关系型心理契约两个维度，但是与其他情景的消费者心理契约不同，消费者对带货主播的心理契约内容更加广泛，具有其独特性。消费者对主播心理契约的独特性源于直播营销环境下主播角色的独特性。主播是一个新型的独立主体，与消费者之间有着紧密的关系，能够极大影响粉丝的偏好和购买行为，但其不是供货商家，也不是交易平台运营方，因此消费者对主播心理契约的内容具有独特性。例如，交易型心理契约的内容主要体现为主播在介绍商品时应该诚实守信及具备专业技能。消费者对商家的交易型心理契约（罗海成，2005）的典型内容是商家应为消费者提供优质的产品和服务，对平台的交易型心理契约（She et al.，2020）的典型内容是平台型企业应帮助消费者高效地获取优质的产品和服务。此外，消费者对主播的关系型心理契约的内容中，除了关心粉丝和尊重观众这些传统关系型心理契约内容之外，还出现了对合作商家出现的问题负责到底、直播中文明礼貌、生活中遵纪守法等内容。消费者对主播的公众形象及社会责任产生了期望，这些都是传统心理契约内容中不具备的。

三、管理启示

带货主播要引导消费者心理契约的形成。职业带货主播在以正式契约有效管理自身与消费者关系的同时，还应该重视消费者与主播交易背后的心理机制，引导心理契约向合理方向形成、发展。通过对顾客心理契约的内容和动态发展规律的洞悉，形成对顾客行为更理性的解释；通过顾客心理契约的建立与强化，形成消费者与带货主播的信任关系。尤其要关注关系型心理契约的建立，减少双方关系中的心理约束，推进顾客忠诚的形成，获取更高的顾客终身价值。

带货主播要了解并遵循消费者心理契约。心理契约破裂是指个体对于组织未能完成其在心理契约中应承担的责任的认知评价，会导致消费者满意度下降、报复行为等消极影响，因此履行消费者心理契约尤为重要。具体来说，主播不但要保障交易的公平有序，还要尊重消费者，保护消费者的隐私和信息安全，积极为交易和服务问题负责，维护和消费者的关系，防范心理契约破裂。同时，作为意见领袖，主播本身具有明星的光环，维护个人形象尤为重要，不但要在直播中文明有礼，还要注意不能触碰社会道德红线。

带货平台要积极承担监督者的责任。平台生态圈服务失败存在溢出效应（佘升翔等，2021），带货主播违背消费者心理契约不但会危害自身，也会伤及直播平台。此外，消费者对带货主播的心理契约具有范围广、程度强的特点，心理契约破裂，负面影响更加明显，因此，直播平台有必要加强对带货主播的监督。具体而言，直播平台不但要出台并完善《网络直播平台管理规范》《网络信息内容生态治理规定》等直播管理办法，从制度上约束带货主播的行为，还要加强监督力度，毫不手软地问责带货主播的失责行为，保障直播平台生态圈有序运行。

政府要完善直播行业法律法规。目前还没有针对主播的行为规范，也没有与主播直接相关的法律法规，对主播所应承担的法律责任缺乏明确规定（邱燕飞，2021）。法律的缺失迫使消费者只能依靠心理契约判断主播责任，但是受个人认知水平的影响，主观形成的心理契约对责任的评定并不一定合理。虽然带货主播履行了应尽的责任，但受消费者不合理的责任认知的影响，心理契约破裂依旧产生，带货主播不免冤屈。因此，政府有必要完善直播行业的法律法规，划清各主体的责任，消除心理契约主观性带来的不良影响。

第八章 消费者心理契约的动态演化

第一节 引 言

  我国目前的经济发展已经由高速增长阶段转向高质量发展阶段，大数据、云计算、物联网、移动互联网的出现大大减少了信息的不对称。共享经济和直播经济正是在这一背景下成为"互联网+"时代最具代表性的经济产物，将成为改变经济格局和人类生活方式的重要力量。共享经济出现在各个领域，尤其在交通出行领域的发展最为迅速广泛，影响也最为深刻。共享出行行业发展过程中不断出现新的服务失败问题，引发了消费者的负面反应和社会舆论，制约了一些龙头企业的发展进展，说明了"水能载舟，亦能覆舟"。直播营销作为新型的营销模式同样展现出蓬勃的生命力，但是频发的直播"翻车"事件充分地表现出在法律契约缺乏下，消费者对带货主播的责任要求。无论是在共享经济中还是在直播经济中，用户协议体现其契约承担的法律责任是有限的，但事实上许多消费者对平台型企业和带货主播所应承担的责任有更高的要求。

  这种矛盾反映了有形的经济契约和无形的心理契约之间的不一致，从而给平台企业的运营、带货主播的服务带来了巨大挑战。在营销领域，心理契约是指顾客在购买产品或服务时，对自身及企业应尽义务或责任的感知和信念（王小娟等，2017）。对于同一个服务失败事件，人们表现出的不满是有差异的，这是由于消费者的心理契约并不完全相同（林艳和王志增，2016）。心理契约具有动态性，会经过初步形成、调整、稳定等过程。因此亟待从理论上对心理契约进行更深入的探究，解决消费者心理契约如何变化等问题。本章研究是关于网约车用户和主播粉丝两类群体心理契约在不同关系生命周期阶段差异的动态演化研究，有助于网约车平台和带货主播更进一步掌握消费者行为规律，并对有效应对措施的制定与实施具有重要的借鉴价值。

  通过梳理文献发现，目前学者们对顾客心理契约的研究大多从心理契约的多结构维度出发（Soares and Mosquera，2019），采取内容导向型、特征导向型和评价导向型等多种类型的测量方法（廖先玲等，2017），既侧重于研究雇佣关系、员工的组织内行为及人力资源管理实践等组织管理问题，也侧重于研究营销情景中的传统营销领域。平台企业不直接向用户提供产品或服务，而是链接市场的供给和需求主体，通过界面构建、交易、互动等机制实现双边用户精确对接，目前对于此类平台企业和带货主播的相关研究涉及甚少。同时，客户关系的发展具有明显的周期性，心理契约作为客户主观意愿的体现而呈现出动态变化性，对其在不同客户关系生命周期阶段的差异研究则更为鲜见。

鉴于此，为了探明消费者心理契约在不同关系期的差异，本章研究基于客户关系生命周期理论分析该结构维度的动态变化特征；再利用单因素方差分析验证消费者在客户关系生命周期的不同阶段，其心理契约结构的差异性。

第二节　客户关系生命周期

由于心理契约受顾客和企业之间不同关系程度的影响还存在一个动态的增强或者减弱的变化过程，部分学者基于客户关系生命周期理论对营销领域中顾客心理契约进行动态的阶段划分，有利于从新的视角进一步丰富有关顾客心理契约的研究。客户关系生命周期理论是动态地描述客户关系随时间发展变化特征的理论，被定义为从企业与客户建立业务关系起直至关系完全终止的整个过程（吴邦刚等，2018）。学术界对动态客户关系的研究正逐步重视深入，尤其在营销领域中划分了整个周期的不同阶段并描述其特征。第一阶段被不同的学者赋予不同的名称，如购买者与企业关系的认知探索阶段（Dwyer et al.，1987）、客户关系的建立阶段（包括开拓期和社会化期）（辛宇和郑鑫，2014）等；第二阶段称之为客户与服务商关系的成长期（陈明亮，2002）、大型零售企业与供应商关系的成长期（李雪欣和李玉龙，2012）及获取期（Santouridis and Tsachtani，2015）等；第三阶段较普遍地被称为顾客与企业关系的成熟期（Cambra-Fierro et al，2018）或客户与服务商关系的稳定期（陈明亮，2002）等；第四阶段被学者们称为衰退期（万映红等，2011）、恢复阶段（包括危险期、解约期和中断期）（徐忠海，2001）等。也有学者认为还存在客户关系的第五阶段，即蜕变阶段（李雪欣和李玉龙，2012）。通过对文献的梳理和归纳（杨建春等，2020；Cambra-Fierro et al.，2018；王小娟等，2017；Dwyer et al.，1987），本章研究最终将网约车用户—网约车平台和直播观众—带货主播的关系生命周期划分为探索期、成长期、成熟期和衰退期四个阶段。

心理契约具有动态性，会经过初步形成、调整、稳定等过程。随着关系接触期、建立初期、交往或交易期、保持期等关系演进,心理契约会通过承诺及行为互动进行适应性调整;在交往了解深入后,心理契约内容会相应地调整,直到关系保持相对稳定,建立忠诚的合作关系为止(Sherman and Morley,2018; Rousseau,1989)。客户关系生命周期理论也指出,在不同的生命周期阶段,由于客户收入的差异、偏好的变化等可能对服务的价值判断存在差异(王小娟等,2017),故消费者的心理契约会随着客户关系生命周期而动态演进(杨建春等,2020;范钧和杨丽钗,2009)。本章研究假设:消费者心理契约会由于所处生命周期阶段的不同而存在差异。基于生命周期理论对消费者心理契约形成和发展的研究将进一步丰富现有理论成果。

第三节 网约车用户心理契约的动态演化

一、研究设计

首先,要求受访者填写最常用的网约车平台名称,并告知接下来的调查将与该带货主播有关。其次,受访者会阅读四种关于客户关系生命周期的描述性语句,他们需要选择出与网约车平台关系最符合的选项。描述性语句具体内容如下:"探索期:您有使用该网约车平台的意愿,通过各种渠道了解这种出行方式的使用方法、价格、安全性、服务、便利性等信息,并打算或已经使用过该网约车平台的服务";"成长期:您对该网约车平台已经有一定的了解,打车次数逐渐增多,对平台的总体评价较好,开始形成对该平台的满意和信任,能够感受到平台给自己所带来的愉悦感和便利性,您有和该网约车平台建立长期关系的意愿";"成熟期:您对该网约车平台相当满意,使用的次数非常多,您充分相信该网约车平台的能力,总是优先考虑使用该网约车平台,并会向别人推荐,您和该网约车平台的关系比较稳定";"衰退期:您对该网约车平台不太满意,或发现了其他更好的替代品,您使用该网约车平台的次数正在下降,或者打算停止使用"。最后,受访者填写了心理契约量表,问项采用 Likert 5 点法计分(1=完全不同意,5=完全同意)。

二、数据检验与结果分析

不同客户关系生命周期阶段用户的需求差异、偏好变化等因素可能对平台服务的感知产生影响,因此,网约车用户的心理契约也会存在差异。此次问卷调查的 215 个有效样本中，探索期（N=33）、成长期（N=96）和成熟期（N=80）的样本数量分别占到总样本量的 15.35%、44.65%和 37.21%，而衰退期的样本不到总样本的 3%，不能进行数据分析，故本章研究仅针对探索期、成长期和成熟期三个阶段进行比较分析。两个维度的心理契约取值用各个维度所包含的问项均值代表，用户整体心理契约值用所有问项的均值代表（表 8-1、表 8-2）。

表 8-1　探索期和成长期用户心理契约的差异分析

变量	均值（标准差） 探索期	均值（标准差） 成长期	F	p	结论
心理契约	3.687（0.518）	3.759（0.493）	0.508	0.477	不存在差异
交易型心理契约	3.849（0.561）	3.901（0.461）	0.284	0.595	不存在差异
关系型心理契约	3.437（0.669）	3.466（0.520）	0.064	0.801	不存在差异

表 8-2　成长期和成熟期用户心理契约的差异分析

变量	均值（标准差） 成长期	均值（标准差） 成熟期	F	p	结论
心理契约	3.759（0.493）	4.104（0.424）	24.339	0.000	存在差异
交易型心理契约	3.901（0.461）	4.131（0.530）	9.495	0.002	存在差异
关系型心理契约	3.466（0.520）	3.564（0.692）	1.161	0.283	不存在差异

由表 8-1 可知，处于探索期和成长期用户的心理契约均不存在显著差异，且不管是用户的交易型心理契约还是关系型心理契约均呈现逐步增强的特点，这说明网约车用户在前两个阶段的心理契约是相似的。无论是平台的软件操作流程、技术、费用、准确度、高效性及定位服务等交易型心理契约，还是平台履行的各种社会责任等关系型心理契约，用户的感知程度是接近的。由于用户对网约车的进一步了解，成长期用户对平台的交易型和关系型心理契约有更多的期待，故均有所增强。

由表 8-2 和图 8-1 可知，心理契约在成长期和成熟期发生了较大的变化，尤其是两个阶段的交易型心理契约存在显著差异。随着用户与平台间的关系逐渐紧密，网约车用户整体心理契约和交易型心理契约呈现出增长的趋势，这种变化的产生主要是交易型心理契约在这两个阶段存在明显差异。随着平台与用户的关系从成长期发展到成熟期，客户的交易经验逐步增多，对平台的服务、规则等有进一步的理性认识，有利于增强其对网约车平台的信任和信心，提升对长期稳定的交易关系的满意度并期待从中获得优惠，如享受更优质的服务、优先接单、价格折扣等，因此用户对交易型心理契约的关注度随客户关系生命周期的发展逐渐增加。

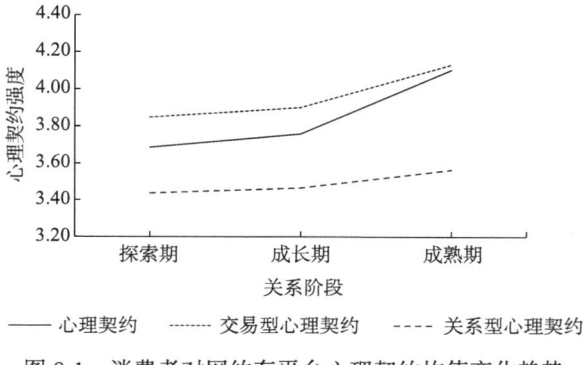

图 8-1 消费者对网约车平台心理契约均值变化趋势

应注意的是，关系型心理契约在这两个阶段存在的差异并不显著，但随着用户与平台间关系的深入而有所增强。关系型心理契约是用户对平台更高水平的认同，在信任的基础上，用户形成了高于交易型心理契约的情感承诺。用户对网约车平台的关系型心理契约主要涉及平台的责任，如尊重用户隐私、关注社会利益、积极承担社会责任等。随着关系进一步发展至成熟期，多次接触并接受平台服务的用户期望获得额外的支持，用户与平台进行了长期的社会情感交换，关系型心理契约进一步增强。由于网约车平台处在发展的初级阶段，近年来屡次出现服务失败事件，故用户与平台之间的关系质量改善程度小，未充分唤起用户对平台的关系型心理契约的期望，因此，关系型心理契约在这两个关系阶段存在的差异依然不显著。

第四节 直播观众心理契约的动态演化

一、研究设计

首先，要求受访者填写一个自己最了解的带货主播的姓名，并告知接下来的调查将与该带货主播有关。其次，受访者会阅读到四种关于客户关系生命周期的描述性语句，他们需要选择出与该带货主播关系最符合的选项。描述性语句具体内容如下："探索期：我对该主播处于观察和尝试阶段，并打算或者已经少量关注过该主播的直播"；"成长期：我对该主播已经有了一定的了解，时不时会关注其直播，有长期关注该主播的意愿"；"成熟期：我对该主播已经有非常多的了解，经常会关注其直播，对其有较高的信任"；"衰退期：我对该主播不太满意或发现了更好的替代者，观看其直播的次数正在下降或者打算取消关注"。最后，受访者填写了心理契约量表，问项采用 Likert 7 点法计分（1=完全不同意，7=完全同意）。

由于 411 个有效样本中，探索期（N=68）、成长期（N=163）和成熟期（N=178）的样本数量分别占到总样本的 16.55%、39.66%和 43.31%，而衰退期的样本总数仅为 2，不到 1%，不满足数据分析的要求，故本章研究仅做探索期、成长期和成熟期三个阶段的分析。

二、数据检验与结果分析

ANVOA 分析测试某一控制变量的不同水平是否给观测变量造成了显著性的差异和变动。首先进行方差齐性检验，交易型心理契约、关系型心理契约和心理契约三个变量对应的 Levene 统计量分别为 5.549、8.354、6.467，且均大于显著水平 0.01，满足方差分析的前提。其次进行方差分析，结果显示通过 F 检验且在 0.01 的水平上显著，不同关系周期阶段的消费者在心理契约及其两个维度上存在显著差别。最后通过 LSD（least significant difference，最小显著差数）法进行多重比较检验，结果显示成熟期消费者心理契约的强度大于探索期和成长期，且在 0.01 的水平上显著；成长期消费者心理契约的强度大于探索期，但均不存在显著差异。ANVOA 分析结果见表 8-3。

表 8-3　ANVOA 分析结果

关系周期	交易型心理契约 均值	交易型心理契约 标准差	关系型心理契约 均值	关系型心理契约 标准差	心理契约 均值	心理契约 标准差
探索期	5.641	0.822	5.988	0.766	5.815	0.687
成长期	5.751	0.707	6.056	0.675	5.904	0.559
成熟期	6.228	0.605	6.364	0.527	6.296	0.504
Levene 统计量	5.549***		8.354***		6.467***	
F	28.350***		13.783***		28.719***	
LSD	1<2；2<3***；1<3***		1<2；2<3***；1<3***		1<2；2<3***；1<3***	

***表示 $p<0.01$
注：1=探索期，2=成长期，3=成熟期

随着关系阶段的发展，消费者心理契约的强度呈现增长趋势（图 8-2），这种变化在成长期到成熟期的阶段更为明显。

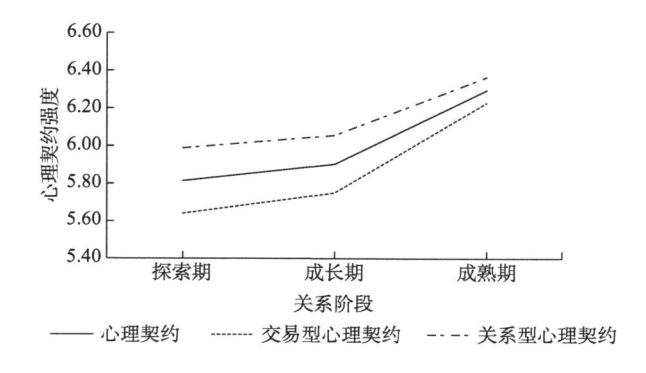

图 8-2　消费者对带货主播心理契约强度变化趋势

显然，在直播营销情景下，消费者对主播的心理契约将随着和主播关系的演进而动态变化。在探索期，消费者对主播还比较"陌生"，可能只是观看过几次直播活动，或者有少量的购买，但是想继续关注该主播。此时，消费者基于经验和观察发展的心理图式而形成初步的心理契约，它会受到个体交易经验、个体的价值取向和个性特点的影响（Rousseau，2001），其强度是比较低的，并且，此时的心理契约是不完整、不稳定的。随着观看直播及交易次数的增加，消费者与主播的关系得到了发展，进入成长期。此时，消费者基于与该带货主播的频繁接触和交易体验、经验的积累使消费者对"在关系中我付出了什么"和"主播应该回报什么"的双方责任有了进一步的认识，从而不断调整期望和修正、完善心理契约的内容，使得心理契约得到强化。在参与直播互动达到一定程度后，消费者和主播的关系将趋于稳定，进入成熟期。在这个阶段，消费者甚至可能会将主播视为朋友，建立了想象的人际关系——准社会关系（Xiang et al.，2016）。与此同时，消费者对主播的心理契约达到最强的阶段，因此，消费者心理契约的增强伴随着关系的深化，产生了更强的信任和忠诚，成为"粉丝"，同时也对主播的行为提出了更高的要求。主播为了维护良好的粉丝关系，就必须尽可能履行消费者的心理契约，避免心理契约破裂导致关系破裂。

第五节　结论与讨论

一、研究结论

本章研究主要探讨消费者心理契约在不同关系期的差异。本章研究客户关系生命周期理论及方差分析分别说明了网约车平台用户心理契约和带货主播粉丝心理契约的差异性，即随着关系的不断深入，消费者的交易型心理契约和关系型心理契约都呈现出逐步增强的趋势；同时，在成长期与成熟期的网约车用户的交易型心理契约存在显著差异；此外，无论在哪个阶段，网约车用户对平台的交易型心理契约都强于关系型心理契约，但消费者对带货主播的心理契约则截然相反，关系型心理契约在三个阶段均强于交易型心理契约。本章研究从静态视角转换至动态视角对心理契约进行研究，为网约车平台和带货主播按不同客户关系生命周期阶段对消费者进行市场细分及有针对性地提供服务给予依据。

二、研究贡献

本章研究的贡献主要体现在以下两个方面：第一，运用客户关系生命周期理论，纵向动态分析了消费者心理契约在不同关系生命周期阶段的差异，为平台型企业和带货主播提升服务质量，以及为促进可持续发展提供有效途径。第二，选取我国网约车平台和带货主播作为研究对象，实现该研究领域在行业选择上的突破。目前学者们对顾客心理契约的研究大多集中于传统营销领域，都是以普通企业（如银行、大型超市、饭店、旅游企业等）为对象，鲜有对网约车平台和带货主播这种新型市场主体的研究，因此本章研究为该领域的研究起到抛砖引玉的效果，并为该行业的发展提供实践价值。

三、管理启示

带货主播应对不同关系阶段的消费者采用差异化的营销策略，不同关系阶段的消费者心理契约存在差异。对于探索期和成长期的消费者而言，带货主播尤其要关注关系的维护，尊重并关怀消费者。对于成熟期的消费者而言，规范交易和情感承诺缺一不可。对于具有重复交易行为并愿意维护长期关系的忠诚顾客，带货主播更应持续改进服务质量、保障产品质量、给予折扣和额外奖励，增加顾客可感知的经济利益。

网约车平台应对不同关系阶段的用户进行关系定位并选择营销策略。对于那些正在考察网约车平台运营方式、服务模式、操作方法、安全性、性价比等交易次数少或准备尝试网约车的用户，必须增加其对平台在交易型心理契约的了解，而对于有一定的重复交易行为并有意愿保持服务关系的发展期用户，平台不仅要重视交易型心理契约，还要重视关系型心理契约。因此，平台应该通过持续改进服务质量，提高用户对平台"责任和义务"的感知；为乘坐网约车达到一定次数的用户提供更低的价格折扣或其他额外的奖励,增加用户可感知的经济利益;与此同时,平台还应该更加深入地了解用户的个性化需求,并提供差别化服务,提高用户对于特殊化利益的感知。

第九章　平台心理契约破裂的后果：忠诚的双刃剑效应

第一节　引　　言

移动互联网在生产性、生活性和公共服务领域催生出一批批专业性平台企业，如滴滴出行、美团外卖、携程旅行等。这些基于网络的平台以手机 APP 作为服务前端，以算法和数据作为能力，以不可挡之势替代、改造、升级传统服务企业，在不到 20 年的时间内分别成长为各行各业的独角兽，成为消费者不可缺少的生活服务伙伴，也培养了大量的忠诚用户。平台企业是指连接了两个或多个特定群体，通过一系列机制不断激发网络效应，在满足各群体需求的前提下，巧妙地从中获利的组织（李雷等，2016）。虽然平台企业在互联网时代大显身手，风头无与伦比，但平台企业在发展过程中并非一帆风顺。平台企业在发展初期通常以补贴、免费策略来吸引用户，此时与用户的关系犹如热恋期或蜜月期。然而到了一定阶段，在资本逐利冲动下实施的收割策略必然使得已经习惯免费或优惠的消费者感到各种不适应，甚至产生各种冲突、背叛和抗争行为，从而严重损害平台与用户的关系。在这种背景下，平台企业如果不理解消费者的心理，就如同粗线条的"大丈夫"难以理解心思细腻的伴侣对其越界行为的愤怒和抱怨。虽然平台希望维系和广大用户的良好关系，因为高忠诚度用户一直以来都被视为企业最宝贵的资源（Woodruff，1997），但在利润动机或者创新驱动下，却时常可能做出越界行为，如上调价格、调整服务方式、更改服务流程等。

品牌越界是指对引导企业—顾客关系的规则的违背，往往由企业管理层决定的某些创新性商业行为引起，它有可能会破坏企业和用户的关系，并最终损害到企业的经营绩效（Grégoire et al.，2009；Aaker et al.，2004）。例如，可口可乐公司曾经改变其可乐的配方以迎合对健康饮食的社会潮流，但是很多忠实粉丝却对此大为不满并表达抗议，在这种强烈的舆论压力下企业不得不恢复原来的配方，因此，过去的研究致力于理解消费者对品牌越界的反应，特别是消费者之前和企业已经建立的关系如何影响他对越界事件的反应。对这方面的研究发现，那些对特定品牌有着强烈情感依恋的顾客在越界事件发生后通常会继续支持这个品牌（Raju et al., 2009; Ahluwalia et al., 2001; Ahluwalia et al., 2000）。但是，也有研究发现在某些情况下出现相反的结果，即那些有着更强烈品牌关系的顾客相比情感依恋较低的顾客对品牌越界的反应更加消极（Wan et al., 2011; Grégoire et al., 2009; Aaker et al., 2004）。例如，有研究发现著名水果品牌Tropicana改变其品牌标志导致了一部分忠实顾客的消极反应，但有趣的是，这部分忠实顾客对于包装设计的改变却表示没有负面意见。

因此，忠诚顾客似乎对品牌越界表现出两极分化的反应，这使得企业营销人员难以预期哪种越界行为可能会伤害其忠诚顾客。在移动互联网时代，粉丝经济、社群营销的兴起更是凸显了基于关系的顾客忠诚的重要性，这也是平台企业特别关心的问题。然而，以前的研究发现，紧密的品牌关系有时有助于品牌，有时却会伤害品牌，因此关于这个问题没有明确的结论。最近的研究从心理契约的视角探讨品牌越界行为的性质，认为消费者—品牌关系和心理契约的交互共同决定了消费者的反应（Montgomery et al., 2017）。在平台企业情景下，商业模式、技术和手段的创新是平台企业取得成功的法宝，但也决定了平台企业在公司制度、平台规则和服务方式等方面的不成熟、不完善，因而特别容易出现服务越界行为。例如，2020年美团外卖就因提高佣金、强制商家二选一、利用平台算法压榨骑手等事件引发广泛争议，给平台形象带来负面冲击。某个服务越界事件是否会演变成让顾客不满意的服务失败，可能取决于用户对特定服务越界事件性质的认知。根据组织行为学中的心理契约理论，用户也会发展对平台企业的心理契约。心理契约是用户感知到他与平台之间存在的一种协议，它概述了在平台—用户关系中双方对另一方的义务和责任（Sturges et al., 2005）。同时，平台中不同用户的心理契约具有异质性，受到社会因素（如商家口碑、行业标准、社会规范和相关行政法规）、商家因素（如不成文的、隐性的服务保证和承诺）及顾客自身因素（如价值观、知识经验和沟通控制）的影响（冯颖如和程新伟，2017）。因此，某种服务越界不一定违反所有用户的心理契约。例如，2018年滴滴出行在首期公众评议会调查"司机是否有权拒载独自乘车的醉酒乘客"，共有26.9万个网友参与了投票和评论，其中14%的人认为司机不能拒载独自醉酒的乘客，86%的人认为司机可以拒载。此外，网上有很多针对平台"杀熟"的投诉和曝光。"大数据杀熟"，就是平台利用拥有的用户数据，对老用户实行价格歧视的行为。也就是说，同一项服务平台显示给老用户的价格要高于新用户，从而获得利润最大化。当老用户发现被"杀熟"之后，其愤怒和失望的情绪不言而喻。因此，有理由认为平台越界行为只有在涉及用户心理契约内部的某个方面时，才会引起忠诚用户强烈的负面反应。

本章研究认为心理契约能够解释为什么忠诚用户对平台的某些越界行为的反应比低忠诚用户更积极或更消极。如果用户认为某个服务越界事件违反了平台的承诺，就会产生心理契约破裂，而心理契约破裂对于高忠诚用户将带来更加强烈的负面影响。因此，心理契约是否破裂是理解用户对服务越界事件做出反应的关键视角。通过研究那些与平台有着紧密关系的用户为什么对某个服务越界事件产生负面反应，以及什么样的服务越界会引发负面反应，本章研究有助于丰富现有的品牌关系研究。此外，从心理契约视角解释忠诚用户如何面对不同类型的平台越界行为，本章研究还调和了先前关于品牌—消费者关系的文献中看似矛盾的发现，即忠诚的消费者是否会对品牌越界行为表现出消极或中立的反应。最后，我们的研究表明，用户对平台信任的下降是越界行为导致用户态度转变的中介机制。本章研究以网约车平台用户为研究对象，在网约车平台服务越界事件情景下研究心理契约破裂和忠诚度的交互对用户态度变化的影响。在理论上，本章研究将有助于深入理解高忠诚顾客态度转化的机理，推动心理契约理论在服务营销研究中的进一步应用和发展；在实践中，本章研究可以指导平台企业实施更加精细有效的服务补救策略。

第二节　研究假设

影响顾客心理契约形成的因素可分为外部因素和顾客自身因素（冯颖如和程新伟，2017）。顾客一旦形成了心理契约，如果企业违反这种心理契约将给消费者—企业关系带来严重的后果。研究发现心理契约破裂会负向影响关系承诺的结果（林艳和王志增，2016），以及导致顾客的不文明行为（占小军等，2017）。顾客心理契约破裂程度越大，其产生直接抱怨、私下抱怨和转换意向的可能性就越大（赵鑫和马钦海，2015），故本章提出下列假设。

H9-1：心理契约破裂负向影响顾客对企业的态度。

很少有研究从心理契约破裂的角度理解服务不当事件的后果。实际上，心理契约之内的服务不当事件会导致心理契约破裂，并产生更严重的后果（Montgomery et al.，2017）。顾客的心理契约会影响他对特定服务不当事件的看法，而不同顾客的心理契约的内容具有异质性。也就是说，对于同一个服务不当事件，有的人可能会产生心理契约破裂，有的人却不会产生心理契约破裂。如果顾客感知到心理契约破裂，意味着他认为企业违反了本应履行的责任和义务，首当其冲会影响他对企业的信任，进而导致对企业态度的变化。

对品牌爱之深的顾客一旦感知到不公平对待，便极有可能会对品牌恨之切（Grégoire and Fisher，2008）。从人性的角度来看，当初的爱有几分，事后的恨就有几分。从前的信任越多，信任损害的后果就越严重。对高忠诚用户而言，只有服务不当事件违反了他的心理契约，才会降低对品牌的信任，进而产生消极后果。相反，如果没有违反心理契约，高忠诚用户基于以往对企业良好的体验和关系，其信任不会受到损害，仍然会表现出对企业的积极态度。对于低忠诚用户来说，不管服务不当事件是否违反心理契约，其信任水平都会较低，对企业的态度也是消极的，故本章提出下列假设。

H9-2：在服务不当情景下，忠诚度和心理契约破裂存在交互作用。

H9-2a：如果心理契约破裂，高忠诚用户对平台的态度将恶化；如果心理契约没有破裂，高忠诚用户对平台的态度就不会恶化。

H9-2b：无论心理契约是否破裂，低忠诚用户对平台的态度都会恶化。

H9-3：在忠诚度和心理契约破裂对态度的交互影响中，信任起中介作用。

本章概念模型见图 9-1。

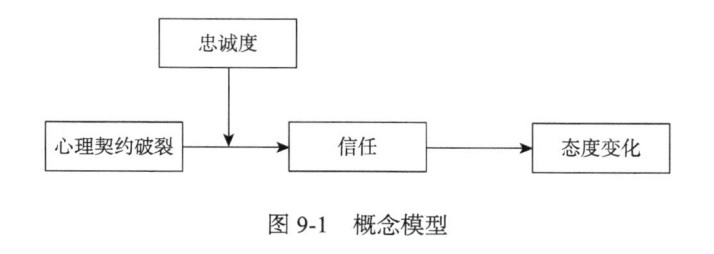

图 9-1　概念模型

第三节　研　究　方　法

以滴滴为代表的网约车平台企业是共享经济的典型代表，在诞生之初就获得了众多的粉丝。考虑到滴滴网约车用户群体的庞大规模，选择滴滴网约车服务作为本章研究的情景。

一、样本特征

大学生是网约车的频繁使用者，具有较好的代表性。本章研究在前期研究中选取了 533 个有过网约车乘坐经历的大学生作为研究对象。其中，男生 213 人，女生 320 人。平均年龄 21.2 岁（SD=2.07）。本章研究采用 2（忠诚度：高 VS.

低）×2（心理契约破裂：是 VS.否）的双因素组间设计。通过区分高/低忠诚度和操控心理契约破裂，最终得到四组：高忠诚/心理契约破裂组（HI）、高忠诚/心理契约未破裂组（HO）、低忠诚/心理契约破裂组（LI）、低忠诚/心理契约未破裂组（LO）。

二、情景实验材料

本章研究基于现实中用户乘坐网约车的经历设计情景。经过对网约车用户的访谈，将网约车平台在高峰期涨价设定为具体的服务不当事件。具体情景内容如下："某天中午，你通过滴滴平台好不容易约到了一辆网约车从火车站返回所住地，到达后，你掏出手机进行结算。订单显示，由于用车紧张，系统已经自动给这段行程加价 30%，你有点心痛多付的车费。"这段内容是所有被试都会阅读到的信息，然后再针对不同分组提供特定的启动信息以进行对照实验。

三、研究步骤

（一）预调研

首先基于问卷星网站设计了一份报名问卷。在报名问卷中阐明本章研究的目的是招募合适的对象参加一项关于网约车服务的有报酬调研，请报名者完成预调查并留下电子邮箱。如果报名者被选中，将在两周后收到正式的调研问卷。预调查包括对滴滴平台的忠诚度和态度（具体题项见表 9-1），以及报名者的个人信息，如性别、年龄、是否使用过滴滴平台。共有 868 个大学生报名，其中有 557 人表示愿意参加进一步的调研并提供了电子邮箱。其次计算其忠诚度的平均值并排序，最终选取 120 个高忠诚用户（≥5 分）和 120 个低忠诚用户（≤3.5 分）。最后将高、低忠诚组分别随机分成两组，得到 HI 组、HO 组、LI 组和 LO 组四组被试。

表 9-1 描述统计与信度分析

变量	题项	M	SD	Cronbach's α
忠诚度	如果滴滴打车平台暂时无法使用，不得不选择其他网约车平台会让我有点不爽	4.71	2.000	0.913
	我认为自己是滴滴平台的忠实用户	3.87	1.978	
	每当我需要打车时，我都很乐意去使用滴滴打车平台	4.80	1.779	
	我乐意跟我的朋友去谈论滴滴打车平台	4.66	1.688	

续表

变量	题项	M	SD	Cronbach's α
态度变化	差劲的→好样的	-0.30	1.225	0.721
	令人不快的→令人愉快的	-0.24	1.293	
	糟糕的→美好的	0.76	1.778	
	没用→有用	-0.30	1.588	
	低质量的→高质量的	-1.10	1.396	
信任	我认为滴滴平台值得信任	3.85	1.349	0.956
	我认为滴滴平台是称职的	3.64	1.426	
	我认为滴滴平台是讲诚信的	3.84	1.397	
	我认为滴滴平台是可靠的	3.73	1.405	
心理契约破裂	滴滴在高峰期加价可以理解（反向计分）	3.81	1.525	0.748
	滴滴在高峰期加价是难以接受的	4.51	1.505	

（二）正式实验

第二阶段为正式实验，根据被试的分组（HI 组 VS. HO 组 VS. LI 组 VS. LO 组）分别设计相应的问卷，给予服务不当事件的情景信息刺激，并操控被试的心理契约破裂。心理契约破裂组的启动信息如下：你觉得滴滴平台不应该突然改变计费规则，滴滴平台这样的做法显然有悖于它的服务承诺。心理契约未破裂组的启动信息如下：你觉得滴滴平台在用车高峰时段适当加价有助于提高司机接单积极性，滴滴平台这样的做法没有违背它的服务承诺。最后，测量了心理契约破裂、信任，以及再次测量了被试对网约车平台的态度变化。

实验问卷在两个星期后通过电子邮箱发送，基于问卷星设置的红包功能，每个被试都将获得随机微信红包奖励（平均值为10元）。通过电子邮箱地址与预调查问卷进行匹配，将两轮调查的信息整合起来进行分析，并且可以计算被试对网约车平台态度的前后变化。

四、测量工具

网约车用户忠诚度借鉴了 Montgomery 等（2017）的研究，使用四个题项测量，并结合网约车服务情景进行了修订。心理契约破裂采用自编的两个题项进行测量。回答方式采用 Likert 7 点法计分（1=完全不同意，7=完全同意），具体题项内容及描述统计结果如表 9-1 所示。参考 Montgomery 等（2017）的研究，基于网约车服务的情景用五题项 7 点两极量表[-3，-2，-1，0，1，2，3]测量用户对网约车平台的态度变化，前后两次测量的态度变化作为本章研究的因变量。

第四节 实 证 分 析

一、信效度检验

信度分析结果表明,各变量的 Cronbach's α 系数都在 0.721 以上,问卷整体 Cronbach's α 系数为 0.765 > 0.7,KMO = 0.833>0.5,同时通过了 Bartlett's 球形检验($p<0.01$)。

二、操控有效性检验

对心理契约破裂的操控效果进行检验,方差分析发现,心理契约破裂组的心理契约破裂程度显著高于心理契约未破裂组($M_{破裂}$=4.77 > $M_{未破裂}$=2.54,$p<0.01$),因此,心理契约破裂的操控是成功的。

三、交互效应检验

本章研究以态度变化作为因变量,以心理契约破裂和忠诚度作为自变量,进行方差分析。如表 9-2 所示,心理契约破裂对态度变化的主效应显著(F=21.576,$p<0.01$,η^2=0.021),忠诚度对态度变化的主效应显著(F=29.928,$p<0.01$,η^2=0.045)。分组比较结果表明,心理契约破裂组被试对平台的态度恶化(M=−0.389),心理契约未破裂组被试对平台的态度没有恶化(M=0.158),并且两者有显著差异($p<0.01$),这说明心理契约破裂负向影响用户对平台的态度,故 H9-1 成立。

表 9-2 心理契约破裂和忠诚度的交互作用

变量	df	均方	F	p
校正模型	3	14.506	19.949	***
截距	1	3.324	4.572	**
忠诚度	1	21.762	29.928	***
心理契约破裂	1	15.689	21.576	***
忠诚度×心理契约破裂	1	10.823	14.884	***

表示 $p<0.05$,*表示 $p<0.01$
注:R^2 = 0.302(调整 R^2 = 0.287)

第九章　平台心理契约破裂的后果：忠诚的双刃剑效应　　99

此外，心理契约破裂和忠诚度的交互作用显著（$F=14.884$，$p<0.01$，$\eta^2=0.026$），故 H9-2 成立。具体来说，高忠诚组如果认为"平台高峰期加价事件"违反了心理契约，其前后态度有显著的恶化（$M_{前}=2.207$，SD=0.614 VS. $M_{后}=1.033$，SD=0.997；$t=5.491$，$p<0.01$），而高忠诚组如果认为"平台高峰期加价事件"没有违反心理契约，其前后态度没有明显变化（$M_{前}=1.721$，SD=0.914 VS. $M_{后}=1.786$，SD=0.751；$t=-0.361$，$p=0.719$）。从图 9-2 可以直观地看到，高忠诚/心理契约破裂组（HI）的态度恶化程度显著高于高忠诚/心理契约未破裂组（HO）（$M_{HI}=-1.730$ VS. $M_{HO}=0.065$，$p<0.01$），故 H9-2a 成立。

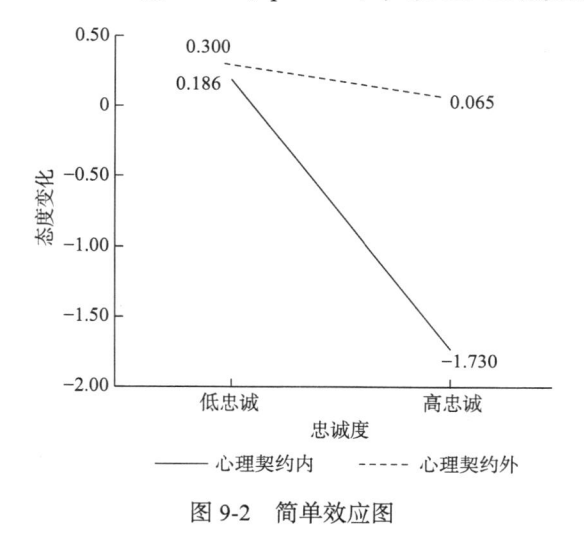

图 9-2　简单效应图

"平台高峰期加价事件"对于低忠诚用户，不管是违反了心理契约（$M_{前}=0.137$，SD=1.429 VS. $M_{后}=0.322$，SD=1.234；$t=-0.628$，$p=0.532$），还是没有违反心理契约（$M_{前}=0.414$，SD=1.135 VS. $M_{后}=0.714$，SD=0.958；$t=-1.069$，$p=0.290$），其对平台的态度始终处于较低水平，前后态度没有显著变化，并且简单效应结果显示低忠诚/心理契约破裂组（LI）的态度变化与低忠诚/心理契约未破裂组（LO）的态度变化并没有明显不同（$M_{LI}=0.186$ VS. $M_{LO}=0.300$，$p=0.627$），故 H9-2b 成立。

四、中介效应检验

以心理契约破裂和忠诚度为自变量，信任为中介变量，态度变化为因变量，利用 Process 插件进行中介效应检验。Bootstrap 样本量设置为 5 000，置信区间设定为 95%，模型选取 Model 8。结果见表 9-3，心理契约破裂×忠诚度这一交互项对态度变化的直接作用路径不显著（β=0.055，t=1.564，p>0.1）；心理契约破裂×忠诚度这一交互项对信任的影响路径正向显著（β=0.154，t=4.102，p<0.01）；信任对态度变化的影响路径正向显著（β=0.152，t=2.023，p<0.01），心理契约破裂×忠诚度这一交互项通过信任间接影响态度变化，故假设 H9-3 成立。

表 9-3 有调节的中介模型检验

变量	信任				态度变化			
	β	t	LLCI	ULCI	β	t	LLCI	ULCI
性别	−0.275	−1.463	−0.646	0.097	0.254	1.536	−0.073	0.581
年龄	−0.072	−1.150	−0.195	0.052	−0.054	−0.979	−0.162	0.055
心理契约破裂	0.580	9.031***	0.453	0.707	0.206	2.901***	0.066	0.347
忠诚度	0.025	0.405	−0.095	0.144	−0.263	−4.979***	−0.367	−0.158
心理契约破裂×忠诚度	0.154	4.102***	0.080	0.229	0.055	1.564	−0.014	0.123
信任					0.152	2.023***	0.003	0.301
F	18.911***				8.468***			
R^2	0.457				0.307			

***表示 p<0.01
注：性别、年龄为控制变量

第五节 结论与讨论

一、研究结论

在服务营销领域，研究者主要关注不同类型服务失败对用户行为的影响，但是缺少从顾客心理契约的角度来研究服务失败的形成及后果。服务失败和心理契约破裂是紧密相关但又不同的概念（Goles et al.，2009；Wang and Huff，2007）。本章研究发现，当网约车平台出现服务越界事件时，顾客对平台的心理契约将决定该事件是否会演变成服务失败。某种服务越界事件只有在触及并刺激到消费者心理契约内部的某个方面时（出现心理契约破裂），才会引起消费者的强烈不满，从而出现服务失败。最重要的是，本章研究发现心理契约破裂和忠诚度对用户态度变化有交互影响。具体而言，高忠诚用户如果感知到心理契约破裂，态度会明显恶化，如果没有感知到心理契约破裂，态度则依旧如初，而低忠诚用户无论是否感知到心理契约破裂，其对平台的态度都始终处于较低水平。此外，本章研究还揭示了信任的中介作用。

二、研究贡献

本章研究的理论贡献主要在于从心理契约破裂这一新视角揭示了高忠诚用户面对服务越界事件态度两极分化的原因和机理。关于忠诚度对顾客—品牌关系的影响研究存在两种对立的观点，有学者认为高忠诚用户在面对服务越界事件时会对品牌更加宽容（梁文玲和刘燕，2014；Ahluwalia et al., 2000），这些研究认为粉丝顾客由于对品牌有深厚的情感，在面对服务越界事件时依然会保持对该品牌的忠诚。有的学者则认为高忠诚用户在面对服务越界事件时，对品牌有更强烈的消极反应（Brockner et al., 1992）。例如，Grégoire 和 Fisher（2008）发现关系质量越强的用户（高忠诚）在遇到服务失败后会感受到更强烈的背叛感，而这种背叛感会导致一系列报复行为。汪兴东等（2013）发现用户在面对产品伤害事件时，高忠诚顾客会觉得"我信任的企业伤我最深"，从而表现出更强的愤怒情绪，随之会采取报复或负向口碑宣传等行为。本章研究表明这两种观点可以通过心理契约理论进行调和。高忠诚顾客面对服务越界事件既有可能宽容也有可能严苛，关键点在于顾客的心理契约是否发生破裂。

三、管理启示

网约车平台是在"互联网+"背景下产生的新型商业模式，在诞生之初主要通过持续的高额补贴吸引双边用户（网约车+乘客），做大市场规模后再分享市场利益。得益于强大的资本推动和创新的商业模式，网约车很快就在传统出租车及"黑车"的围堵中异军突起。深受出租车打车难、拒客、司机态度恶劣之苦的打车一族也很快就体验到网约车的实惠便捷，越来越多的用户建立了"滴滴一下，立即出行"的消费习惯，成为网约车的忠实粉丝。网约车平台拥有一批核心客户群体，这些客户在过去的互动中基于满意的交易体验对平台产生了较高的信任和承诺。这些高忠诚用户与平台的关系越牢固，其对平台的态度就越积极。即使在经历某些服务越界事件之后，高忠诚用户对平台的态度可能仍然比低忠诚用户更为积极。

本章研究对网约车平台企业的管理有两点含义。首先，网约车企业在战略上要特别关注高忠诚（粉丝）用户，通过各种举措夯实、扩大忠诚用户基础，如发放更多的优惠券、提供更优先的约车服务。因为忠诚用户能创造更多的营收和更积极的口碑，且对普通的服务越界事件具有更高的容忍度。其次，平台应该特别重视对忠诚用户遭遇服务越界失败之后的服务补救。如果忠诚用户对平台的服务越界事件表现出强烈的负面反应，那么就意味着他们出现了心理契约破裂。平台可以对这个群体采取超越预期的服务补救，以挽回其信任。相对而言，非忠诚用户则可采取正常的服务补救，以降低运营成本。在大数据时代，网约车平台完全有可能依靠技术手段识别用户的忠诚度，从而制定精细化的服务补救策略。

第十章 心理契约破裂的后果：准社会关系的双刃剑效应

第一节 引 言

在当今的数字时代，为了增加销量获取更高的利润，零售商开始尝试雇用社交媒体影响者（尤其是具有庞大粉丝群体的带货主播）引导消费者行为。截至2020年12月，我国电商直播用户规模已经达到3.88亿，其中在电商直播中购买过商品的用户已经占到整体电商直播用户的66.2%[1]。带货主播作为直播电商行业的核心主体，通过个性化的直播互动吸引了大量观众的关注，并建立了强有力的关系，使得商家能够借助主播的推荐来分销产品。但是，作为还未成熟的新型营销方式，直播电商不断出现许多新的问题。基于信任背书的直播带货受到部分投机主播的影响，产生了"公地悲剧"。消费者对带货主播的整体信任下降，直播电商行业难以持续发展。

带货主播是新型电商主体，在直播电商领域，由于现有的法律不健全，消费者难以依靠法律契约认定主播责任，此时，消费者对主播的心理契约将在主播—消费者互动关系中起到非常重要的作用。心理契约是广泛存在于交易双方之间的一种不成文的、隐性的，对另一方承诺或责任的感知。消费者的心理契约虽然不具有法律效力，但却能够影响其对特定服务失败事件的责任判定，从而实质性地影响消费者对主播的态度。虽然主播尽可能地满足消费者的期望，为其提供优质的服务，但是主播履责能力和意愿不足或双方责任认知不一致等原因（Robinson and Morrison，1995），使得消费者心理契约破裂，造成消费者"脱粉"甚至"粉转黑"。心理契约破裂被定义为个体（消费者/员工）对组织（企业/商家）未能完成其心理契约中应完成的责任的认知评价，具有严重的消极后果

---

[1] 资料来源：中国互联网络信息中心发布的第47次《中国互联网络发展状况统计报告》。

(Robinson，1996）。在直播营销领域，已有的法律和行业法规并不健全、交易责任模糊，消费者往往会基于心理契约来判定责任，这就增加了心理契约破裂的可能性。此外，网络对带货主播的曝光度放大了心理契约破裂的消极影响，如果处置不当，带货主播面临的不仅是笔伐口诛，甚至是"墙倒众人推"的集体抵制。因此，了解心理契约破裂的影响机制尤为重要。

已经建立的主播—消费者关系对于在服务失败情景下的顾客行为有着重要意义。以往的研究发现，在特定服务失败情景下，消费者与商家的关系会产生两种截然相反的效应，即缓冲效应（Blut et al.，2014）与放大效应（Grégoire et al.，2009）。缓冲效应是指消费者会因为与商家的良好关系而包容其不当行为，减少负面反应；放大效应则是指强关系的消费者对商家更加苛刻，会因为商家的不当行为产生更强的负面反应（李晓飞等，2019）。但是，已有的研究未能从心理契约的视角来揭示消费者—商家关系不一致效应的内在原因。本章聚焦直播营销情景下，引入直播营销领域特有的准社会关系概念，探讨消费者心理契约破裂和准社会关系的交互影响机理，以及准社会关系缓冲效应与放大效应的边界条件。心理契约可以划分为交易型心理契约和关系型心理契约（Rousseau，1990），不同类型的心理契约破裂均会导致消费者的负面反应，但是准社会关系的强弱可能会调节不同类型心理契约破裂的后果。

首先，本章研究通过两个实验（实验一和实验二）探索了在直播营销情景下心理契约破裂对消费者态度的影响，明晰了心理契约破裂的影响机制，弥补了直播营销领域消费心理契约研究的缺失，将丰富消费者心理契约的相关研究。研究结论帮助带货主播了解心理契约破裂的可怕后果，为直播营销中带货主播的"违约"行为敲响警钟。此外，本章研究通过实验二探索了准社会关系对不同类型心理契约破裂对消费者态度影响的调节作用，弥补了以往研究对服务失败不加区分、等同视之的研究局限。研究发现，准社会关系在"交易型"和"关系型"两种不同类型心理契约破裂情况下的调节效应的方向不一致，这为"缓冲效应"和"放大效应"的矛盾提供了合理的解释。研究结论将帮助带货主播了解准社会关系在心理契约破裂中的价值，带货主播需要更有效地利用已有亲密关系及时进行服务补救、维系消费者关系。

第二节　文献综述与研究假设

一、准社会关系

准社会关系最初用来描述观众与媒体人物之间的情感关系，它模拟了一种假想的人际关系，是观众与媒体人物在反复接触的基础上形成的长期的、积极的、单方面的亲密关系（Horton and Wohl，1956）。随着社交媒体的兴起，准社会关系成为影响者营销研究的一个焦点（Lou and Kim，2019）。

社交媒体影响者会通过定期发布内容并与消费者互动来建立、维系双方的互惠关系，这帮助消费者发展出对社交媒体影响者持久的社会情感依恋。影响者营销的研究发现，准社会关系受影响者特质、消费者特质、消费者与影响者互动三方面因素的影响。受影响者发布内容的娱乐价值，影响者的专业知识、可信度、吸引力及与自我相似性等因素的影响（Lou and Kim，2019），消费者被影响者吸引，但这并不足以形成准社会关系。消费者对影响者的亲密关系在观看过程中开始发展，双方在社交媒体上的长期互动使这种关系延伸到社交媒体之外（Dibble et al.，2016）。在长期的互动过程中，消费者对影响者产生了一种强烈的亲切感，形成准社会关系（Chung and Cho，2017）。此外，已有研究还指出孤独感、自尊（Hwang and Zhang，2018）和焦虑感（Berail et al.，2019）等消费者特质也对准社会关系具有影响。具有孤独感、低自尊和高焦虑的消费者更容易与影响者建立准社会关系。

准社会关系的建立对影响者营销实践颇有助益。准社会关系有助于增强影响者传达信息的可信度，这种对影响者的信任可以溢出到对影响者代言品牌的信任（Chung and Cho，2017）。Breves等（2021）的研究发现，与社会媒体影响者建立较强准社会关系的追随者，其评价性说服知识较低，购买意愿和品牌评价较高。此外，期望认同和情感参与都通过准社会关系对行为忠诚产生间接影响（Lim et al.，2020）。

虽然以往的文献围绕准社会关系展开了丰富的研究，但是已有的研究关注于消费关系的构建而忽略了准社会关系在消费关系维系中的作用。失败的消费经历会带来严重的后果，但准社会关系在其中的作用机制并不清晰，需要进行进一步的研究。尤其是现有的文献缺乏在直播电商情景下探索准社会关系强度和心理契约破裂类型的交互关系的研究。因此有必要结合消费者心理契约破裂的性质，探索准社会关系在心理契约破裂的消极后果中的缓冲/放大作用。

二、研究假设

（一）心理契约破裂对消费者态度的影响

由于在营销实践中存在着普遍的心理契约破裂现象，心理契约破裂一直是心理契约领域研究的核心和焦点。受带货主播与消费者对责任认知存在不一致或带货主播并不具备履行责任的能力或意愿等原因的影响，带货主播并未履行责任，这种失责行为虽然并未违背经济、法律契约，但被消费者视为违背其心理契约。在消费者行为学的实证研究中，心理契约破裂经常作为前因变量用以分析其对消费者情感、态度的影响（梁文玲和刘燕，2014）。Goles等（2009）的研究指出心理契约破裂会通过信任机制影响消费者的负面口碑。当商家未能履行自己的责任时，还可能引发消费者不文明行为（刘汝萍等，2019），这意味着消费者在产生心理契约破裂后，不但会传播主播的不负责行为信息甚至会伴随着夸大、谩骂等激烈反应。此外，心理契约破裂对消费者退出意愿的影响也得到证实（郭海玲和胡若静，2018）。

根据社会交换理论（Homans，1958），受互惠原则的影响，当个体在社会交换过程中受到了不公平的待遇时，会向对方表现出负面的看法甚至会以有害的方式行事（Uhlbien and Maslyn，2003）。在直播电商情景下，消费者在与带货主播的互动过程中形成并强化心理契约，在后续的交流与交易中一旦发现带货主播没有履行责任和义务就会产生心理契约破裂。受心理契约破裂的影响，消费者会认为带货主播违背了互惠原则，从而形成对带货主播的负面态度。因此，本章提出如下假设。

H10-1：心理契约破裂对消费者态度具有负向影响。

H10-1a：交易型心理契约破裂对消费者态度具有负向影响。

H10-1b：关系型心理契约破裂对消费者态度具有负向影响。

（二）消极情绪和信任的中介作用

当主播不当行为引发心理契约破裂之后，消费者会产生认知和情绪上的波动，进而影响其态度。

消极情绪是指消费者怒、哀、惧等负面的心理体验。心理契约破裂导致了高水平的违背感（Zhao et al.，2020），即当个体认为组织没有履行承诺的一项或多项义务时，就会产生愤怒和被背叛感（Robinson and Morrison，1995）等消极情绪。心理契约破裂的强度越大，负面情绪反应越强（Henderson et al.，2020）。消费者会将愤怒、后悔和背叛感等负面情绪转化为报复的欲望，当消费者受到不公平对待时，这种欲望会转化为报复行为（Lee et al.，2013）。具体可表现在产生消极情绪后消费者会将不满经历分享给他人（Zeelenberg and Pieters，2004），产生负面口碑（Wen et al.，2019）。此外，厌恶、恐惧等负面情绪还降低了消费者的购买意愿（Morales et al.，2012）。还有研究证实，轻蔑、愤怒、厌恶等负面情绪甚至会导致消费者对公司的抵制（Xie et al.，2015；Grappi et al.，2013）。由此，本章提出心理契约破裂会导致消费者的消极情绪，而消极情绪会影响消费者对带货主播的态度。具体来说，当消费者感知到带货主播行为与心理契约包含的责任不一致时，就会产生愤怒、厌恶和背叛感等消极情绪，这些消极情绪会进一步破坏消费者对带货主播的态度。因此，本章提出如下假设。

H10-2：在心理契约破裂对消费者态度的影响中，消极情绪起中介作用。

H10-2a：在交易型心理契约破裂对消费者态度的影响中，消极情绪起中介作用。

H10-2b：在关系型心理契约破裂对消费者态度的影响中，消极情绪起中介作用。

信任是认知层面的概念，它与心理契约具有密切的联系。定期履行责任可以增强信任（于桂兰等，2013），而心理契约破裂破坏了个体关于组织会定期履行义务的信念，导致个体不信任感增强（付晔和钟熙，2020；Montgomery et al.，2017）。在营销活动中，由于心理契约破裂降低了消费者信任，消费者表现出更消极的反应（Montgomery et al.，2017），如负面口碑传播（骆念蓓等，2019）、持续购买意愿降低（黄思皓等，2020）等。组织行为学和消费者行为学研究都对信任在心理契约破裂对个体后续态度影响中的中介机制进行了验证（Goles et al.，2009；Robinson，1996），心理契约破裂破坏了消费者信任，从而对消费者态度产生负面影响。由此，本章认为在直播电商情景中，当消费者感知到带货主播没有履行心理契约时会对带货主播产生不信任感，这种不信任感进一步作用到消费者的态度上。因此，本章提出如下假设。

H10-3：在心理契约破裂对消费者态度的影响中，信任起中介作用。

H10-3a：在交易型心理契约破裂对消费者态度的影响中，信任起中介作用。

H10-3b：在关系型心理契约破裂对消费者态度的影响中，信任起中介作用。

（三）心理契约破裂类型与准社会关系的交互作用

图式理论指出，当一个人被看作与某种类别图式相符时，外界在评估人的时候就更不会采用精细的分析处理；相反地，外界会更多依赖于自身已有的关于这个类别图式的信息进行评价（Fiske，1982）。强准社会关系下的个体会将对方视为亲密的朋友（Dibble et al.，2016），因此消费者对带货主播图式的感知发生了变化，带货主播蜕变为"朋友"，消费者会用对朋友的期望来形成对带货主播的期望。由于强准社会关系的消费者会对带货主播有更亲密的情感关怀（Dibble et al.，2016），根据似我效应，消费者会认为带货主播也会更珍重双方的关系，产生对关系维系的额外期望，即强准社会关系的消费者会对带货主播有更高的重视双方关系的期望。因此，当发生关系型心理契约破裂时，消费者关于期望与实际不一致的感知更加强烈。期望与实际不一致导致态度更加消极地转变（Oliver，1999）。此外，准社会关系是在长期的虚拟互动中形成的（Dibble et al.，2016），这意味着强准社会关系的消费者会有更强的情感付出。根据社会交换理论（Homans，1958），当强准社会关系的消费者发现自己的付出被辜负时会产生强烈的负面反应，从而加重了关系型心理契约破裂的后果，产生放大效应。

虽然消费者会将带货主播视为朋友，但是这种朋友的认知图式似乎与交易关系无关，强准社会关系消费者的交易型心理契约只与原有的带货主播的认知图式有关。这就意味着交易有关的额外期望并不存在。此外，交易型心理契约建立在利益基础和短期回报之上（Rousseau，1990），单次的交易型心理契约破裂只会影响短期交易，不会破坏长期关系。亲密的消费者对与交易有关的服务失败更加宽容（Blut et al.，2014），因此，具有强准社会关系的消费者对带货主播的态度转变会更加缓和，产生缓冲效应。

因此，本章研究提出如下假设。

H10-4：强准社会关系能够调节心理契约破裂的消极影响。

H10-4a：强准社会关系缓冲了交易型心理契约破裂的消极影响。

H10-4b：强准社会关系放大了关系型心理契约破裂的消极影响。

本章概念模型如图10-1所示。

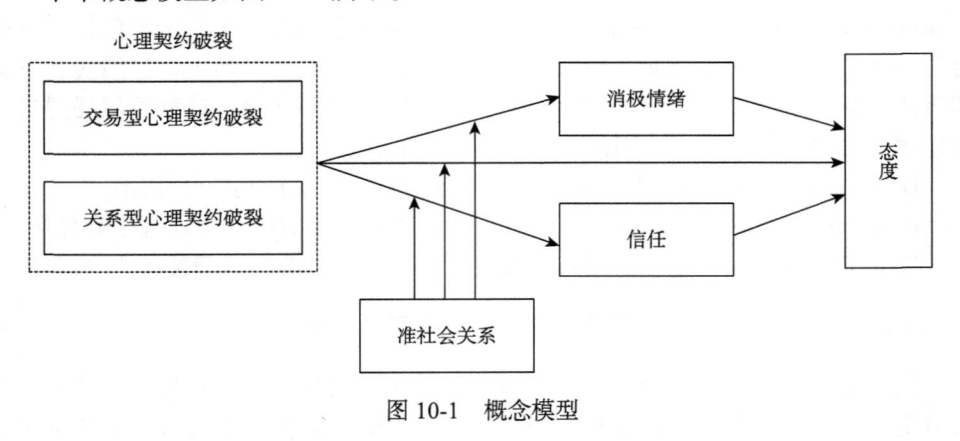

图 10-1　概念模型

第三节　实验操作与假设检验

一、实验一：消极情绪与信任的中介作用

实验一的目的在于检验心理契约破裂对消费者态度的影响及其中介机制。在实验一中消费者态度将从负面口碑和退出意愿两个方面来测量。

（一）实验设计与情景材料

采用静态组实验设计，针对交易型心理契约破裂和关系型心理契约破裂分别设计一个实验组与一个对照组。实验组：交易型/关系型心理契约破裂；对照组：交易型/关系型心理契约履行。

心理契约具有复杂性的特点,任何对承诺的违背都有可能造成心理契约破裂,因此选择合适的情景对心理契约破裂的有效操纵是非常重要的。首先,在另一项研究中对 150 个具有观看网络购物直播经历的大学生进行访谈,询问所有受访者"作为一名消费者,您认为带货主播明确或隐含地承诺过承担哪些责任和义务,或您觉得带货主播需要履行哪些惯常责任和义务,请简单列举"。通过系统的分析,得到 10 条描述消费者对职业带货主播的心理契约语句,其中交易型心理契约 5 条,关系型心理契约 5 条。

其次,以 10 条描述性语句为题项,生成调查问卷。被试被要求回忆最为熟悉的带货主播,进而询问"您内心多大程度上感知到该主播有以下承诺",采用 Likert 7 点法计分(1=完全不同意,7=完全同意)。收回问卷 237 份,其中有效问卷 152 份。所有题项的均值都在 5.84~6.53,表明了 10 条描述性语句作为心理契约的真实性。此外,探索性因子分析的结果也基本验证了对交易型心理契约和关系型心理契约分类的合理性。

再次,要求被试分别对 5 条描述交易型心理契约的语句和 5 条描述关系型心理契约的语句按照重要程度分别进行排序,5 为最重要,1 为最不重要。为了避免被试将感知程度与重要程度混淆,本次调查不会邀请任何上一批被试中的人员参与。161 个被试参与本次问卷调查,获得有效问卷 126 份。筛选出得分最高(即最重要)的语句:"主播应如实介绍商品信息,不夸大或虚假宣传"(交易型心理契约);"该主播应保护消费者的个人资料和隐私安全"(关系型心理契约)。

最后,以筛选出的两条语句为基础生成实验情景材料。交易型心理契约的基本情景材料如下:"某天,你进入带货主播 A 的直播间。该主播正在推荐某水果,并很肯定地将该水果描述为'甜而多汁''甜如冰糖'。你在了解后,决定下单购买";实验组附加刺激材料如下:"几天后,你收到了购买的水果,但是品尝发现水果的味道竟然是酸涩的";对照组附加刺激信息如下:"几天后,你收到了购买的水果,并通过品尝发现水果的味道确实是甘甜的。"关系型心理契约的基本情景材料如下:"某天,你进入带货主播 A 的直播间。该主播正在介绍免单抽奖活动,为了吸引大家参与活动,主播承诺在中奖名单中仅公布中奖者的昵称和手机尾号以保障隐私。你在了解后,决定下单购买活动商品";实验组附加刺激信息如下:"不久后,你在公示的中奖名单里看到了你的昵称,但是随之公布的还有你的姓名、手机号码等隐私信息的全部内容";对照组附加刺激信息如下:"不久后,你在公示的名单里看到了你的中奖信息,确实只有昵称和手机尾号。"之所以选择购买水果和抽奖活动,是因为在直播带货中,水果是常见的商品,免单抽奖也是常见的促销手段。

（二）实验程序

参与实验的所有被试均为大学生。首先，大学生群体在中国拥有最高的互联网普及率，更有可能参与直播购买。此外，大学生往往是网络创新的早期采用者，可以代表一般群体的行为方向（Burda and Teuteberg, 2014）。因此，大学生样本适合本项研究。被试被随机分配到上述 4 种情景中。实验在课堂上进行：首先，被试被要求阅读情景材料；其次，被试填写了一份心理契约破裂量表（Chang and Zhang, 2019；Robinson and Morrison, 2000）作为操纵有效性的检验；最后，为了测量中介变量和结果变量，被试又被要求填写了消极情绪量表（Reynolds et al., 2006）、信任量表（Yuan et al., 2021；周永生等，2021）、负面口碑量表（涂红伟和伍世代，2019；Grégoire and Fisher, 2006）和退出意愿量表（李晓飞等，2019；Grégoire and Fisher, 2006）。所有测量均采用 Likert 7 点法计分（1=完全不同意，7=完全同意）。

（三）样本特征和操纵检验

通过筛选得到 176 个有效样本，其中交易型心理契约破裂实验组（N=40）、对照组（N=45）和关系型心理契约破裂实验组（N=48）、对照组（N=43）。其中，男性 79 人，占总样本的 45%；女性 97 人，占总样本的 55%；平均年龄为 20 岁。此外，由于性别和年龄等人口统计特征被验证不显著影响消费者的情感与态度，故下文不再讨论这些变量。

操纵检验结果表明，交易型心理契约破裂（$M_{实验组}$=5.867，SD=1.350 VS. $M_{对照组}$=3.644，SD=1.373；t=-7.514，p<0.01）和关系型心理契约破裂（$M_{实验组}$=5.000，SD=1.859 VS. $M_{对照组}$=2.708，SD=1.368；t=-6.634，p<0.01）的操纵均有效。

（四）信效度检验

为了确保本次实验的效果，运用 SPSS 24.0 与 AMOS 24.0 软件对获取的统计数据进行了可靠性分析和验证性因子分析。结果显示每个构念的 Cronbach's α 值和组合信度值均大于 0.8，量表的信度较高。每个题项的标准化因子载荷均大于 0.7，AVE 值也大于 0.5 的标准，因此数据的聚合效度较好，信度与聚合效度检验如表 10-1 所示。

表 10-1　信度与聚合效度检验（一）

变量	指标题项	因子载荷	Cronbach's α	C.R.	AVE
消极情绪	被这样对待我感到很愤怒	0.826[***]	0.870	0.920	0.743
	被这样对待我感到被背叛	0.840[***]			

变量	指标题项	因子载荷	Cronbach's α	C.R.	AVE
消极情绪	被这样对待我感到很沮丧	0.854***	0.870	0.920	0.743
	被这样对待我感到很失望	0.925***			
信任	我认为该带货主播是值得信任的	0.723***	0.919	0.925	0.712
	我相信该带货主播不会故意发布虚假信息欺骗消费者	0.780***			
	我相信该带货主播在直播中所呈现的信息	0.889***			
	我认为该带货主播推荐的品牌是可以信赖的	0.937***			
	我相信该带货主播推荐的商品或服务具有很好的质量	0.873***			
负面口碑	我会向周围的人诉说这次负面体验	0.774***	0.779	0.777	0.635
	我会劝阻周围的人在该带货主播直播间消费	0.819***			
退出意愿	我会尽可能远离该带货主播	0.860***	0.848	0.885	0.720
	我会断绝与该带货主播之间的关系	0.862***			
	我会避免在该带货主播的直播间消费	0.823***			

***表示 $p<0.01$

注：C.R.表示组合信度

借助 AMOS 24.0 软件进行验证性因子分析，将题项放在一个因子里进行分析，如果模型拟合指标的各项数据无法达到标准值，则说明所有的测量项并不同属于一个因子。如表 10-2 所示，相比于其他模型，三因子模型的拟合效果最好，表现出良好的区别效度。

表 10-2 区别效度检验（一）

模型	χ^2	df	χ^2/df	RMSEA	NFI	RFI	IFI	TLI	CFI
消极情绪，信任，负面口碑，退出意愿	163.722	71	2.306	0.086	0.918	0.895	0.952	0.938	0.951
消极情绪+信任，负面口碑，退出意愿	564.472	74	7.628	0.195	0.717	0.652	0.745	0.684	0.743
消极情绪+信任+负面口碑，退出意愿	627.142	76	8.252	0.204	0.686	0.624	0.713	0.654	0.711
消极情绪+信任+负面口碑+退出意愿	720.045	77	9.351	0.218	0.639	0.574	0.665	0.601	0.663

注：+表示融合

（五）假设检验

首先，检验心理契约破裂对消费者态度的影响。在交易型心理契约破裂中，实验组比对照组表现出更强的负面口碑（$M_{实验组}$=4.417，SD=1.233 VS. $M_{对照组}$=3.326，SD=1.024；t=-4.406，$p<0.01$）和退出意愿（$M_{实验组}$=5.313，SD=1.116 VS. $M_{对照组}$=4.050，SD=1.076；t=-5.294，$p<0.01$）。在关系型心理契约破裂中，实验组同样比对照组表现出更强的负面口碑（$M_{实验组}$=4.535，SD=1.074 VS. $M_{对照组}$=

3.451，SD=1.269；t=−4.409，p<0.01）和退出意愿（$M_{实验组}$=5.174，SD= 0.996 VS. $M_{对照组}$=4.042，SD=1.463；t=−4.355，p<0.01）。H10-1a 和 H10-1b 得到验证。

其次，采用 SPSS 宏中的 Model 4（简单的中介模型）对消极情绪和信任在心理契约破裂与态度（即负面口碑和退出意愿）转变中的中介效应进行检验。将心理契约破裂设置为自变量，心理契约破裂取值为 1，履行取值为 0，消极情绪和信任设置为中介变量，负面口碑和退出意愿设置为因变量。遵循 Hayes（2013）的建议，实验采用 Boot-straping 形成间接效应 95%的置信区间，如果 0 不包含在置信区间内，说明中介效应得到验证。检验结果表明，消极情绪和信任在交易型心理契约破裂对负面口碑的影响中起中介作用，但信任的中介作用并未得到数据的支持；消极情绪和信任在交易型心理契约破裂对退出的影响中起中介作用，消极情绪和信任在关系型心理契约破裂对消极情绪和负面口碑的影响中均起中介作用。H10-2a、H10-2b、H10-3b 得到验证，H10-3a 得到部分验证。中介效应检验如表 10-3 所示，中介模型及路径系数如图 10-2 所示。

表 10-3　中介效应检验（一）

路径	间接效应值	Boot 标准误	BootCI 下限	BootCI 上限
TPCB→负面口碑				
总间接效应	0.398	0.178	0.079	0.789
消极情绪	0.318	0.159	0.049	0.670
信任	0.080	0.142	−0.170	0.411
TPCB→退出意愿				
总间接效应	0.792	0.144	0.519	1.084
消极情绪	0.386	0.119	0.187	0.646
信任	0.405	0.125	0.165	0.653
RPCB→负面口碑				
总间接效应	1.037	0.162	0.734	1.373
消极情绪	0.819	0.180	0.472	1.189
信任	0.219	0.116	0.012	0.459
RPCB→退出意愿				
总间接效应	1.087	0.141	0.822	1.384
消极情绪	0.805	0.162	0.509	1.145
信任	0.281	0.120	0.057	0.525

注：TPCB=交易型心理契约破裂，RPCB=关系型心理契约破裂

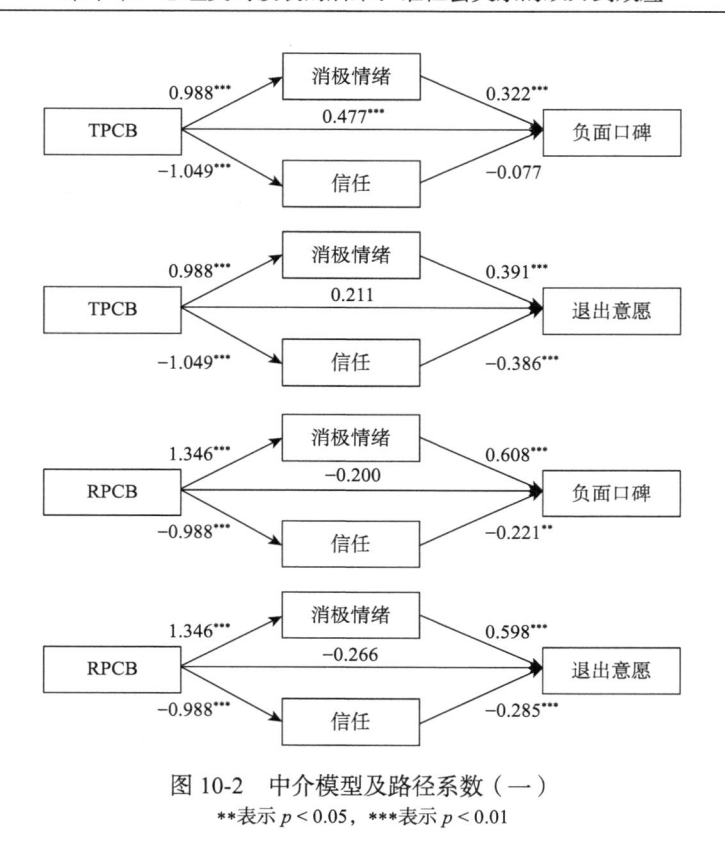

第十章 心理契约破裂的后果：准社会关系的双刃剑效应   113

```
          0.988***    消极情绪    0.322***
    TPCB ─────────→           ─────────→
              0.477***                    负面口碑
         ─────────────────────────────→
         ─1.049***    信任      ─0.077
         ─────────→           ─────────→

          0.988***    消极情绪    0.391***
    TPCB ─────────→           ─────────→
              0.211                       退出意愿
         ─────────────────────────────→
         ─1.049***    信任      ─0.386***
         ─────────→           ─────────→

          1.346***    消极情绪    0.608***
    RPCB ─────────→           ─────────→
              ─0.200                      负面口碑
         ─────────────────────────────→
         ─0.988***    信任      ─0.221**
         ─────────→           ─────────→

          1.346***    消极情绪    0.598***
    RPCB ─────────→           ─────────→
              ─0.266                      退出意愿
         ─────────────────────────────→
         ─0.988***    信任      ─0.285***
         ─────────→           ─────────→
```

图 10-2   中介模型及路径系数（一）
表示 $p < 0.05$，*表示 $p < 0.01$

二、实验二：准社会关系的调节作用

实验二的主要目的是研究准社会关系的调节作用。此外，虽然实验一在特定情景中验证了心理契约破裂后果的相关假设，但是该结果是否在新的情景中仍然成立还有必要验证。因此，实验二的另一个目的是在新的情景中对实验一的研究结论进行再验证。

（一）实验设计与情景材料

为了分别在交易型心理契约破裂和关系型心理契约破裂中验证假设。实验二采用心理契约破裂类型和准社会关系的 2×2 的组间设计，心理契约破裂分为交易型和关系型，准社会关系分为强关系和弱关系。

与准社会关系相近的一个概念是准社会互动。准社会互动指的是一种只有在观看直播时才会发生的虚假的相互意识。相反，准社会关系指的是一种长期的、积极的、单方面的亲密关系（Horton and Wohl，1956），会在观看过程中开始发展,并延伸到观看过程之外（Dibble et al.,2016）。准社会互动与准社会关系之间存在一定程度的因果关联。因此,本章研究将利用 Rubin 和 Perse（1987）开发的准社会互动量表及 Hartmann 和 Goldhoorn（2011）开发的准社会互动体验量表生成操纵准社会关系的实验情景材料。

强准社会关系的情景材料如下："A 主播经常在某主流直播平台进行带货直播。你关注了 A 主播的账号,经常进入直播间和 A 主播聊天互动,碰到自己需要的商品,你也会下单购买。你很喜欢 A 主播,观看 A 的直播会让你感觉很好。你期待有机会在现实中见到 A 主播,甚至感觉 A 主播就像你的朋友一样。"弱准社会关系的情景材料如下："A 主播经常在某主流直播平台进行带货直播。你偶尔看过几次 A 主播的带货直播,但没有在直播间和主播互动过,没有关注其账号,也没有购买过其推荐的商品。你甚至经常想不起 A 主播的名字。"为了检验准社会关系的操纵有效性,我们设计了三个操纵检验题项："我期待看到 A 的直播"、"A 主播对我来说是重要的"和"对我来说,A 主播就是一个很普通的带货主播（反向题）"（吴娜等,2020;Tukachinsky,2011）。

为排除重要性的潜在干扰,实验二依据前面的排序结果筛选出重要性排名中等的语句。其中,交易型心理契约对应的语句如下："主播应对潜在购买风险进行告知和提示",关系型心理契约对应的语句如下："主播应尊重直播间的观众。"以筛选出的两条语句为基础生成实验情景材料。

交易型心理契约破裂的情景材料如下："某天,你进入了 A 主播的直播间。主播正在推荐某款商品,你觉得很适合作为某个要好朋友的生日礼物,于是你下单购买了。主播承诺下单后 24 小时之内会发货,但是,一周过去了还没收到,于是你去查看物流信息,发现当天才发货！没有准时发货让你很不爽。"对应的操纵有效性检验题项为"我觉得该主播是负责的（反向题）"、"该主播违背了对消费者的承诺"和"该主播履行了及时发货的义务（反向题）"。

关系型心理契约破裂的情景材料如下："某天,你进入带货主播 A 的直播间,观看的过程中你觉得 A 在直播中的一些行为不太合适,于是你把自己的想法和建议私发给了主播 A。然而,A 主播态度强硬,并表示不想改变自己的风格,更不需要你来质疑。你觉得自己的善意行为没有得到尊重。"对应的操纵有效性检验题项为"我期望该主播这样对待我（反向题）"、"该主播这样做在我意料之中（反向题）"和"该主播对待我的行为合乎情理（反向题）"。

（二）实验程序

首先,被试随机获得一份关于强/弱准社会关系的情景材料,在完成阅读之后被试填写了操纵检验的题项。其次,对被试的初始信任和初始态度进行了测量。再次,被试获得一份关于交易型/关系型心理契约破裂的情景材料,在完成阅读之后我们同样要求被试填写了三个操纵检验的题项。最后,又对消极情绪、信任和态度三个变量进行了测量,测量量表在实验一量表的基础上改进而得。所有量表均采用 Likert 7 点法计分(1=完全不同意,7=完全同意)。

(三)样本特征和操纵检验

实验共得到 188 个有效样本。其中,交易型心理契约破裂实验有 104 个样本(强准社会关系组 53 个有效样本,弱准社会关系组 51 个有效样本),关系型心理契约破裂实验有 84 个样本(强准社会关系组 43 个有效样本,弱准社会关系组 41 个有效样本);男性 78 人,占 41.49%;女性 110 人,占 58.51%;年龄集中于 18~30 岁,共 143 人,占 76.06%;身份以大学生为主,共 101 人,占 52.72%。

操纵检验结果表明,准社会关系($M_{强准社会关系}$=4.288,SD=1.067 VS. $M_{弱准社会关系}$=2.717,SD=1.180;t=9.562,p<0.01)、交易型心理契约破裂(M=5.622 > 4,SD=1.182)和关系型心理契约破裂(M=5.234>4,SD=1.260)的操纵均有效。

(四)信效度检验

为了确保本次实验的效果,依旧通过可靠性分析和验证性因子分析进行了信效度检验。与实验一的结果一致,如表 10-4 和表 10-5 所示数据表现出良好的信度与效度。

表 10-4　信度与聚合效度检验(二)

变量	指标题项	因子载荷	Cronbach's α	C.R.	AVE
消极情绪	我会感到愤怒	0.882[***]	0.896	0.898	0.690
	我会感到被背叛	0.748[***]			
	我会感到沮丧	0.779[***]			
	我会感到失望	0.903[***]			
信任	我觉得该主播值得信任	0.922[***]	0.915	0.918	0.790
	我愿意相信该主播	0.934[***]			
	我觉得该主播不会欺骗我	0.804[***]			
态度	我会关注该主播以后的直播活动	0.904[***]	0.927	0.929	0.813
	我会考虑购买该主播推荐的商品	0.925[***]			
	我会向朋友推荐该主播	0.875[***]			

***表示 $p < 0.01$

表 10-5　区别效度检验（二）

模型	χ^2	df	χ^2/df	RMSEA	NFI	RFI	IFI	TLI	CFI
消极情绪，信任，态度	52.098	32	1.628	0.058	0.966	0.952	0.987	0.981	0.987
消极情绪+信任，态度	611.654	34	17.990	0.301	0.602	0.474	0.616	0.488	0.613
消极情绪+信任+态度	1 046.638	35	29.904	0.393	0.319	0.125	0.327	0.129	0.322

注：+表示融合

（五）假设检验

由于我们的中介变量数值为消极情绪、信任和态度的变化值，而非绝对值。在进行数据分析前，我们以初始值减去绝对值计算变化值。由于情绪并不具备初始值，我们认为其绝对值即变化值。采用信任、态度变化值进行假设检验的原因是，强/弱准社会关系情景下的消费者的初始信任（$M_{强准社会关系}$=4.865 VS. $M_{弱准社会关系}$=3.707，t=5.691，p<0.01）和初始态度（$M_{强准社会关系}$=5.076 VS. $M_{弱准社会关系}$=3.670，t=6.852，p<0.01）存在显著差异，强准社会关系的消费者具有更积极的初始信任和态度，这会对实验结果产生干扰。因此，为了验证准社会关系的缓冲与放大效应是心理契约破裂类型导致的，而不是初始信任和态度作用的结果，我们计算了初始信任和态度的变化值。此外，消极情绪并没有计算变化值是因为消极情绪是针对心理契约破裂的情感反应，在发生心理契约破裂前不存在初始情绪。

主效应检验。分别以交易型心理契约破裂和关系型心理契约破裂为自变量，消费者态度变化为因变量进行线性回归。结果显示交易型心理契约破裂消极影响消费者态度变化（β=0.320，p<0.01）；关系型心理契约破裂消极影响消费者态度变化（β=0.260，p<0.05）。H10-1a 和 H10-1b 得到验证。

运用方差分析对准社会关系的调节作用进行检验。如表 10-6、图 10-3 和图 10-4 所示，在交易型心理契约破裂的实验中，强准社会关系组的消极情绪、信任变化、态度变化显著低于弱准社会关系组；在关系型心理契约破裂的实验中，强准社会关系组的消极情绪、信任变化、态度变化显著高于弱准社会关系组。该结果证明，准社会关系在交易型心理契约破裂的消极影响中起缓冲效应，在关系型心理契约破裂的消极影响中起放大效应，H10-4a 和 H10-4b 得到验证。

表 10-6　方差分析结果

变量		均值（±标准差）		t
		强准社会关系	弱准社会关系	
TPCB	消极情绪	5.043 ± （1.214）	5.706 ± （0.689）	-3.411***
	信任变化	1.698 ± （1.351）	2.353 ± （1.076）	-2.727**
	态度变化	1.535 ± （1.355）	2.405 ± （1.186）	-3.491***

续表

变量		均值（±标准差）		t
		强准社会关系	弱准社会关系	
RPCB	消极情绪	4.686±（1.456）	3.537±（1.584）	3.459***
	信任变化	2.008±（1.740）	0.715±（0.988）	4.210***
	态度变化	1.876±（1.782）	0.537±（0.928）	4.250***

***表示 $p<0.01$

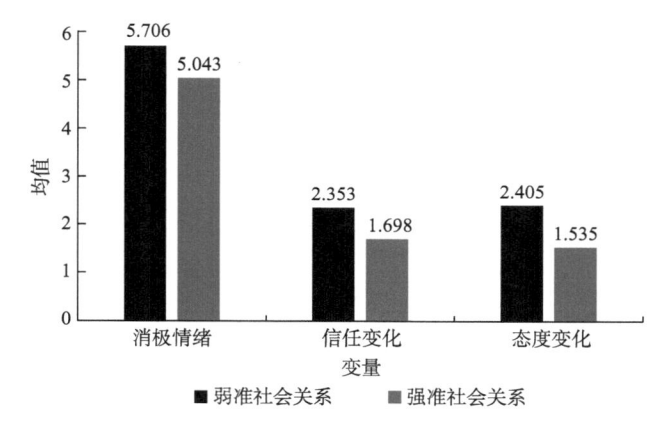

图 10-3 交易型心理契约破裂实验结果对比

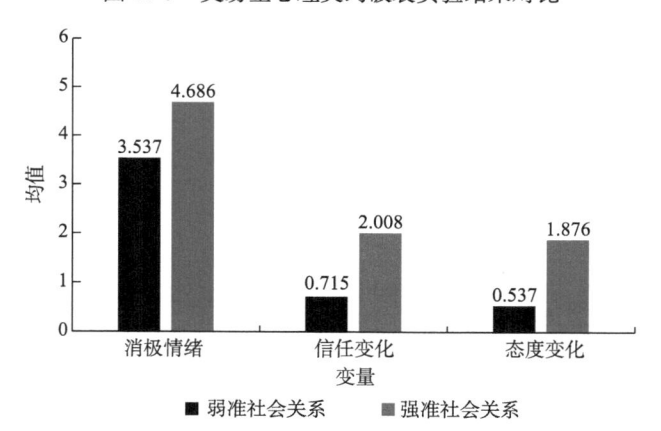

图 10-4 关系型心理契约破裂实验结果对比

进行情绪差和信任变化的中介效应检验。采用 SPSS 宏中的 Model 4（简单的中介模型）对消极情绪和信任变化在交易型/关系型心理契约破裂与态度变化转变中的中介效应进行检验。将心理契约破裂设置为自变量（取值为操纵性检验结果值），消极情绪和信任变化设置为中介变量，消费者态度变化设置为因变量。遵循 Hayes（2013）的建议，实验采用 Boot-straping 形成间接效应 95% 的置信区间，如果 0 不包含在置信区间内，说明中介效应得到验证。如表 10-7 所示，检验结果表明，信任变化在交易型/关系型心理契约破裂对消费者态度变化的影响中起中介作用，而消极情绪的中介效应并未得到验证。H10-3a 和 H10-3b 得到验证，H10-2a 和 H10-2b 没有得到数据上的支持。中介模型及路径系数如图 10-5 所示。

表 10-7 中介效应检验（二）

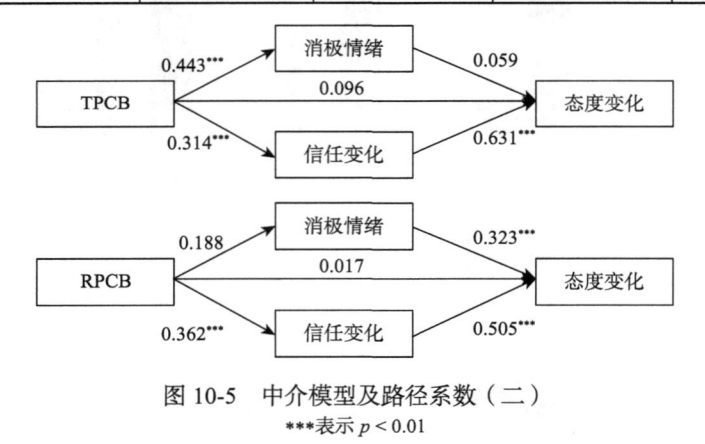

自变量	中介变量	间接效应值	Boot 标准误	BootCI 下限	BootCI 上限
TPCB	总间接效应	0.224	0.078	0.075	0.381
	消极情绪	0.026	0.040	−0.040	0.118
	信任变化	0.198	0.075	0.055	0.345
RPCB	总间接效应	0.243	0.086	0.065	0.405
	消极情绪	0.061	0.040	−0.019	0.140
	信任变化	0.183	0.064	0.066	0.315

图 10-5 中介模型及路径系数（二）
***表示 $p < 0.01$

第四节 结论与讨论

一、研究贡献

本章研究了心理契约破裂情景下准社会关系对消费者负面反应的影响机制，更重要的是找出了缓冲效应与放大效应的边界条件，研究结论具有重要的理论意义。

本章研究将准社会关系和心理契约理论结合起来，在直播营销情景下揭示了两者的交互关系。在现有的研究中，关系强度对消费者负面反应产生何种作用的观点依旧存在不一致。虽然已有学者试图从服务失败的严重性与可控性对缓冲效应与放大效应的不一致做出解释（李晓飞等，2019），但将不同类型服务失败等同视之的做法失之偏颇，忽略了不同类型的服务失败可能是这种不一致的潜在影响因素。本章研究将心理契约破裂类型作为已有关系强度缓冲效应与放大效应的边界条件的结论更加深入。在服务失败导致心理契约破裂的情景下，良好的关系一方面能够充当带货主播的"防护盾"，减少消费者的负面反应（消极情绪、不信任、负面态度），产生积极的影响；另一方面也可能会"火上浇油"，放大消费者的负面反应，这取决于服务失败破坏的是什么样的心理契约。通过实证研究，本章发现心理契约破裂的类型是准社会关系缓冲效应与放大效应的边界条件，在交易型心理契约破裂的情景下准社会关系会产生缓冲效应；在关系型心理契约破裂的情景下准社会关系会产生放大效应。

准社会关系的研究较多集中在大众媒体和社交媒体中（Dibble et al., 2016），但直播营销领域的消费者同样会建立与带货主播的准社会关系（Lou and Kim, 2019）。由于强互动性，在直播营销中的准社会关系甚至更强。本章将准社会关系作为缓冲效应与放大效应的产生机制，丰富和深化了准社会关系在直播营销领域的应用，也为后续准社会关系的研究奠定了基础。

"直播+电商"模式出现的时间较短，学术界对直播营销的研究较少。已有的研究多关注于消费者的短期购买意愿（Tong, 2017）和长期关系建立（Wongkitrungrueng and Assarut, 2020），但是鲜有研究关注消费者与带货主播关系建立后的长期维系。本章研究从心理契约视角出发，指出心理契约破裂是影响"消费者—主播"关系的因素，丰富了直播营销领域的研究成果，弥补了直播营销领域研究在如何维系关系长期上的不足。

目前学者们对消费者心理契约的研究大多局限于传统的线下营销领域（梁文玲和刘燕，2014），虽也有涉及线上市场（网络商家、平台企业等）（She et al., 2020; Pavlou and Gefen, 2005），但并未涉及带货主播这种新型市场主体。本章的研究结论拓展和深化了消费者心理契约的理论。本章发现，无论是关系型心理契约破裂还是交易型心理契约破裂都会对消费者态度产生负面的影响，消极情绪和信任中介了这种关系。研究结论在直播营销情景下对消费者心理契约破裂的影响再一次进行了剖析。

二、管理启示

由于责任认知的不一致和带货主播能力的限制，消费者心理契约破裂时常发生。如何在心理契约破裂后维系消费者，并降低其负面反应是带货主播面临的一大挑战。本章的研究结论可以帮助带货主播借助已有的准社会关系来应对这一挑战，具体阐述如下。

由于心理契约破裂类型是准社会关系缓冲效应和放大效应的边界条件。当发生交易型心理契约破裂时，强准社会关系会缓冲消费者的消极反应。在这种情况下，带货主播不需要对具有高关系质量的消费者投入大量的精力和财力来实施服务补救，因为良好的关系使消费者的情绪和态度更加积极，但是在关系型心理契约破裂时，情况就完全相反。面对失责行为，强准社会关系的消费者的消极反应会更加强烈，带货主播有必要及时进行服务补救，给予合理的精神和物质补偿。

关系营销的核心是建立良好的消费者关系，忠诚消费者能带来巨大的效益，但是本章研究的结果为营销实践者尤其是带货主播提出了警示：虽然强准社会关系能提升企业绩效，并在一定程度上缓冲心理契约破裂的消极影响，但是在关系型心理契约破裂时，强准社会关系反而放大了后果。这就要求营销实践者注意，培育良好的消费者关系并不是一劳永逸的，如何防范心理契约破裂并规避消费者关系造成的放大效应尤为重要。

参考文献

曹俊浩，陈宏民，孙武军. 2010. 多平台接入对 B2B 平台竞争策略的影响——基于双边市场视角[J]. 财经研究，36（9）：91-99.

曹智，沈灏，霍宝锋. 2011. 基于三元视角的供应链关系管理研究前沿探析与未来展望[J]. 外国经济与管理，33（8）：8-16, 40.

常亚平，姚慧平，韩丹，等. 2009. 电子商务环境下服务补救对顾客忠诚的影响机制研究[J]. 管理评论，21（11）：30-37.

陈国平，边二宝，李呈娇. 2012. 服务补救中自我调节导向对顾客感知公平的调节作用——基于旅行社的实证研究[J]. 旅游学刊，27（8）：53-59.

陈海权，张镒，郭文茜. 2020. 直播平台中网红特质对粉丝购买意愿的影响[J]. 中国流通经济，34（10）：28-37.

陈加洲，方俐洛，凌文辁. 2001. 心理契约的测量与评定[J]. 心理学动态，（3）：253-257.

陈可，涂荣庭，涂平. 2011. 顾客调整导向、补偿方式和补救后满意度研究[J]. 山西财经大学学报，33（5）：93-99.

陈明亮. 2002. 生命周期不同阶段客户重复购买意向决定因素的实证研究[J]. 管理世界，（11）：93-99, 107.

陈威如，余卓轩. 2013. 平台战略：正在席卷全球的商业模式革命[M]. 北京：中信出版社.

陈迎欣，郜旭彤，文艳艳. 2021. 网络直播购物模式中的买卖双方互信研究[J]. 中国管理科学，29（2）：228-236.

程贵孙，陈宏民，孙武军. 2009. 双边市场下电视传媒平台兼并的福利效应分析[J]. 管理科学学报，12（2）：9-18.

杜建刚，范秀成. 2007a. 服务补救中情绪对补救后顾客满意和行为的影响——基于情绪感染视角的研究[J]. 管理世界，（8）：85-94.

杜建刚，范秀成. 2007b. 服务失败情境下顾客损失、情绪对补救预期和顾客抱怨倾向的影响[J]. 南开管理评论，（6）：4-10, 18.

杜建刚，范秀成. 2012. 服务失败情境下面子丢失对顾客抱怨倾向的影响[J]. 管理评论，24（3）：91-99.

杜伟强. 2019. 厌恶情绪与消费者行为[J]. 心理科学进展, 27（11）：1929-1938.

范钧, 杨丽钗. 2009. 服务消费情景中的顾客心理契约形成机制研究[J]. 江苏商论, （2）：30-32.

范秀成. 2002. 顾客满意导向的服务企业顾客抱怨管理体系分析[J]. 中国流通经济, （2）：40-44.

范秀成, 刘建华. 2004. 顾客关系、信任与顾客对服务失败的反应[J]. 南开管理评论, （6）：9-14.

冯俊, 路梅. 2020. 移动互联时代直播营销冲动性购买意愿实证研究[J]. 软科学, 34（12）：128-133, 144.

冯颖如, 程新伟. 2017. 国内营销情景下顾客心理契约研究综述[J]. 重庆理工大学学报（社会科学）, 31（7）：73-80.

付晔, 钟熙. 2020. 心理契约破裂、领导信任与员工知识分享——以马基雅维利主义为调节[J]. 科技进步与对策, 37（4）：147-152.

傅慧, 吴晨光, 段艳红. 2014. "货币补偿"总是最优策略吗[J]. 旅游学刊, 29（1）：101-110.

龚潇潇, 叶作亮, 吴玉萍, 等. 2019. 直播场景氛围线索对消费者冲动消费意愿的影响机制研究[J]. 管理学报, 16（6）：875-882.

郭海玲, 胡若静. 2018. 心理契约破裂视角下微信订阅号受众 EVLN 行为影响研究[J]. 中国流通经济, 32（11）：31-40.

韩箫亦, 许正良. 2020. 电商主播属性对消费者在线购买意愿的影响——基于扎根理论方法的研究[J]. 外国经济与管理, 42（10）：62-75.

侯杰泰. 2002. 结构方程模型及应用[M]. 北京：教育科学出版社.

胡瑶瑛, 李煜华, 胡兴宾. 2016. 网购服务失败发生后不同归因对顾客后续行为意向影响研究[J]. 软科学, 30（7）：113-117.

华中生. 2013. 网络环境下的平台服务模式及其管理问题[J]. 管理科学学报, 16（12）：1-12.

黄思皓, 肖金岑, 金亚男. 2020. 基于 S-O-R 理论的社交电商平台消费者持续购买意愿影响因素研究[J]. 软科学, 34（6）：115-121.

纪汉霖. 2011. 用户部分多归属条件下的双边市场定价策略[J]. 系统工程理论与实践, 31（1）：75-83.

简兆权, 柯云. 2017. 网络购物服务失误、服务补救与顾客二次满意及忠诚度的关系研究[J]. 管理评论, （1）：175-186.

简兆权, 肖霄. 2015. 网络环境下的服务创新与价值共创：携程案例研究[J]. 外国经济与管理, 29（1）：20-29.

金晓彤, 陈艺妮, 于丽. 2009. 基于感知公平的顾客抱怨处理满意度与顾客忠诚之间关系的实证研究[J]. 软科学, 23（6）：116-120, 134.

李雷, 赵先德, 简兆权. 2016. 网络环境下平台企业的运营策略研究[J]. 管理科学学报, 3（19）：

15-33.

李泉, 陈宏民. 2009. 平台企业竞争有效性及投资策略性效果研究[J]. 管理工程学报, 23（4）: 27-30.

李晓飞, 马宝龙, 蒋中俊. 2019. 服务失败情境下顾客关系的缓冲效应和放大效应研究[J]. 管理评论, 31（12）: 127-135.

李雪欣, 李玉龙. 2012. 大型零售企业与供应商合作关系演进——基于渠道关系生命周期视角[J]. 经济与管理研究, （3）: 122-128.

李原, 孙健敏. 2006. 雇佣关系中的心理契约: 从组织与员工双重视角下考察契约中"组织责任"的认知差异[J]. 管理世界, （11）: 101-110.

梁文玲, 刘燕. 2014. 心理契约违背对饭店顾客忠诚的影响——服务补救策略的调节效应[J]. 旅游学刊, 29（2）: 55-65.

廖先玲, 隋凤娇, 王炳成. 2017. 组织管理中心理契约的理论与应用——基于SSCI期刊文献的分析[J]. 技术与创新管理, 38（6）: 645-654, 684.

林艳, 王志增. 2016. 网购顾客心理契约违背、服务补救与顾客品牌态度[J]. 商业研究, （4）: 131-138.

刘凤军, 孟陆, 陈斯允, 等. 2020. 网红直播对消费者购买意愿的影响及其机制研究[J]. 管理学报, 17（1）: 94-104.

刘军, 刘小禹, 任兵. 2007. 员工离职: 雇佣关系框架下的追踪研究[J]. 管理世界, （12）: 88-95, 105, 172.

刘平胜, 石永东. 2020. 直播带货营销模式对消费者购买决策的影响机制[J]. 中国流通经济, 34（10）: 38-47.

刘汝萍, 曹忠鹏, 范广伟, 等. 2014. 其他顾客不当行为引发服务失败的补救效果研究[J]. 预测, 33（2）: 20-25.

刘汝萍, 范广伟, 赵鑫, 等. 2019. 探究心理契约与顾客不文明行为关系的新视角: 员工责任与顾客责任双向视角[J]. 管理评论, 31（8）: 169-180.

刘忠宇, 赵向豪, 龙蔚. 2020. 网红直播带货下消费者购买意愿的形成机制——基于扎根理论的分析[J]. 中国流通经济, 34（8）: 48-57.

罗海成. 2005. 营销情境中的心理契约及其测量[J]. 商业经济与管理, 25（6）: 37-41.

罗海成. 2006. 顾客忠诚的心理契约机制实证研究[J]. 管理评论, （1）: 57-62, 64.

罗海成, 范秀成. 2005. 基于心理契约的关系营销机制: 服务业实证研究[J]. 南开管理评论, （6）: 48-55.

骆念蓓, 陈怡静, 王一童. 2019. 负面事件后消费者购买意愿及负面口碑传播意愿研究[J]. 福州大学学报（哲学社会科学版）, 33（2）: 54-60, 67.

马双, 王永贵, 张璟. 2011. 服务补救后顾客满意驱动机制的实证研究——基于电子商务背景下对感知风险和购物经验调节效应的剖析[J]. 山西财经大学学报, 33（4）: 82-92.

马妍，马钦海，于灏，等. 2013. 顾客心理契约量表的开发与检验——基于营销互动视角[J]. 技术经济，32（8）：125-129.

孟陆，刘凤军，陈斯允，等. 2020. 我可以唤起你吗——不同类型直播网红信息源特性对消费者购买意愿的影响机制研究[J]. 南开管理评论，23（1）：131-143.

孟艳华，罗仲伟，廖佳秋. 2020. 网络直播内容价值感知与顾客契合[J]. 中国流通经济，34（9）：56-66.

那梦帆，谢彦君，Gursoy D. 2019. 旅游目的地体验价值：维度辨识、量表开发与验证[J]. 旅游学刊，34（12）：48-60.

彭军锋，景奉杰. 2006. 关系品质对服务补救效果的调节作用[J]. 南开管理评论，（4）：8-15.

彭军锋，汪涛. 2007. 服务失误时顾客为什么会选择不同的抱怨行为？——服务失误时自我威胁认知对抱怨行为意向的影响[J]. 管理世界，（3）：102-115.

戚聿东，李颖. 2018. 新经济与规制改革[J]. 中国工业经济，（3）：5-23.

綦恩周，张梦. 2015. 服务补救情境下心理契约对顾客感知补救质量的影响研究[J]. 消费经济，（1）：60-65.

秦进，陈琦. 2012. 网络零售服务补救情形下的顾客忠诚——基于感知公平与感知转移成本视角的研究[J]. 经济管理，34（3）：95-102.

邱燕飞. 2021. 直播带货主播法律责任要素与区分规则[J]. 中国流通经济，35（5）：121-128.

仇立. 2018. 服务失误情境下互联网顾客忠诚影响机理[J]. 中国流通经济，32（5）：84-96.

佘升翔，许浩然，童泽林. 2021. 平台生态圈服务失败溢出效应及其机理研究[J]. 经济与管理，35（4）：8-16.

申学武，聂规划. 2007. 电子商务情境中的心理契约及其测量[J]. 武汉理工大学学报（信息与管理工程版），29（1）：145-148.

申学武，聂规划，沈凌. 2007. 电子商务情境中的心理契约及其测量[J]. 科技进步与对策，24（2）：164-167.

施娟，唐冶. 2011. 品牌关系质量与消费者遭遇产品伤害的反应特征研究——基于事前信念的视角[J]. 经济管理，33（1）：93-101.

宋亦平，王晓艳. 2005. 服务失误归因对服务补救效果的影响[J]. 南开管理评论，（4）：9-11.

苏海雨. 2021. 网络直播带货的法律规制[J]. 中国流通经济，35（1）：97-104.

汤发良，阳林. 2011. 服务管理行为对顾客感知心理契约违背影响的实证研究[J]. 软科学，25（10）：46-50.

唐建生，贾慧敏，王彦彦. 2017. 基于归因理论的消费者对第三方服务失败的反应研究[J]. 工业工程与管理，22（3）：172-177.

唐小飞，狄强，郭洪. 2009. 赢回策略对顾客忠诚行为影响的比较研究[J]. 科研管理，30（6）：83-90.

涂红伟，伍世代. 2019. 在线旅游消费者困惑对负面口碑的影响——基于情绪聚焦应对的视角[J].

旅游学刊，34（7）：73-84.

妥艳婷，白长虹，陈增祥. 2014. 服务失败后自我建构与质量预期对满意和口碑的影响[J]. 旅游学刊，29（5）：68-77.

万君，郭婷婷，吴正祥. 2015. 网购失误情境下消费者持续信任的形成机制研究——基于失误归因的调节作用[J]. 软科学，29（11）：88-92.

万映红，岳英，姜立权. 2011. 探究服务关系下顾客隐性需求的新视角——顾客心理契约中服务商责任[J]. 预测，30（5）：6-12.

汪兴东，景奉杰，涂铭. 2013. 产品伤害中不同忠诚度顾客情绪反应及行为意向的差异性研究[J]. 管理评论，25（1）：73-81.

汪旭晖，冯文琪. 2017. 虚拟品牌社群中社会人际互动和类社会互动对品牌关系质量的影响研究[J]. 财经论丛，220（5）：78-88.

汪旭晖，张其林. 2015. 平台型网络市场"平台—政府"双元管理范式研究——基于阿里巴巴集团的案例分析[J]. 中国工业经济，（3）：135-147.

汪旭晖，张其林. 2017. 平台型电商声誉的构建：平台型企业和平台卖家价值共创视角[J]. 中国工业经济，（11）：174-192.

王军. 2016. 品牌可靠性对品牌忠诚度的影响：一个有调节的中介研究[J]. 消费经济，32（2）：70-74.

王俐，周向红. 2018. 平台型企业参与公共服务治理的有效机制研究——以网约车为例[J]. 东北大学学报（社会科学版），（6）：601-607.

王小娟，万映红，程佳. 2017. B2C情境下顾客心理契约结构及不同关系期的差异研究[J]. 东北大学学报（社会科学版），（3）：247-252.

王增民，王晓玲，潘煜. 2015. 基于网络零售业的服务补救实证研究[J]. 软科学，29（2）：116-120，125.

翁清雄，胡啸天，陈银龄. 2018. 职业妥协研究：量表开发及对职业承诺与工作倦怠的预测作用[J]. 管理世界，（4）：113-126.

翁清雄，席酉民. 2011. 企业员工职业成长研究：量表编制和效度检验[J]. 管理评论，23（10）：132-143.

吴邦刚，余琦，陈煜波. 2018. 基于全生命周期行为的会员等级体系对顾客购买行为的影响[J]. 管理学报，15（4）：569-576.

吴娜，宁昌会，龚潇潇. 2020. 直播营销中沟通风格相似性对购买意愿的作用机制研究[J]. 外国经济与管理，42（8）：81-95.

肖红军，李平. 2019. 平台型企业社会责任的生态化治理[J]. 管理世界，（4）：120-145.

肖丽，姚耀. 2005. 关系类型对服务失败后顾客反应的影响[J]. 南开管理评论，（6）：56-62.

谢凤华. 2015. 服务补救情境下顾客认同的影响因素和影响机理研究[J]. 科研管理，36（11）：117-123.

谢莹, 李纯青, 高鹏, 等. 2019. 直播营销中社会临场感对线上从众消费的影响及作用机理研究——行为与神经生理视角[J]. 心理科学进展, 27（6）: 990-1004.

辛宇, 郑鑫. 2014. 大数据驱动与客户生命周期——基于汽车行业的分析[J]. 河南社会科学, 22（3）: 71-77, 123-124.

徐忠海. 2001. 从产品生命周期到客户关系生命周期——企业营销理念的变化[J]. 经济管理, （8）: 25-29.

阎俊, 胡少龙, 常亚平. 2013. 基于公平视角的网络环境下服务补救对顾客忠诚的作用机理研究[J]. 管理学报, 10（10）: 1512-1519.

阳林. 2010. 服务企业与顾客心理契约结构研究——一项基于银行业的实证研究[J]. 南开管理评论, 13（1）: 59-68, 89.

阳林, 李青. 2008. 基于心理契约违背的顾客抱怨管理策略研究[J]. 中国集体经济, （7）: 60-61.

阳林, 李青. 2010. 基于心理契约违背的顾客行为研究[J]. 成都大学学报（自然科学版）, 29（4）: 355-360.

阳镇. 2018. 平台型企业社会责任: 边界、治理与评价[J]. 经济学家, （5）: 79-88.

杨建春, 吴颖, 佘升翔. 2020. 网约车用户心理契约的动态演化研究[J]. 软科学, 34（9）: 97-102.

杨萍, 李桂华, 黄磊. 2020. 员工品牌契合的概念、结构与测量研究[J]. 管理学报, 17（1）: 85-93.

杨学成, 郭国庆, 汪晓凡, 等. 2009. 服务补救可控特征对顾客口碑传播意向的影响[J]. 管理评论, 21（7）: 56-64.

姚作为, 刘人怀. 2010. 基于品牌关系的服务消费决策行为研究: 理论模型与实证检验[J]. 管理评论, 22（9）: 59-75.

银成钺, 徐晓红. 2011. 基于归因理论的顾客对供应链其他成员服务失误的反应研究[J]. 管理学报, 8（8）: 1213-1220.

游士兵, 黄静, 熊巍. 2007. 品牌关系中消费者心理契约的感知与测度[J]. 经济管理, 4（22）: 30-35.

于宝琴, 李顺东, 张初兵. 2018. 服务失败后情绪反应与购后行为的关系研究[J]. 现代财经（天津财经大学学报）, 38（5）: 91-100.

于桂兰, 陈明, 于楠. 2013. 心理契约与组织公民行为的关系——元分析回顾及样本选择与测量方法的调节作用[J]. 吉林大学社会科学学报, 53（2）: 115-123.

于建华, 赵宇. 2020. 网络直播的社会责任研究[J]. 中州学刊, （12）: 167-172.

余可发. 2010. 本土关系营销情景中的消费者心理契约研究反思[J]. 企业活力, （9）: 37-40.

喻国明. 2018. 智库与创新: 互联网发展"下半场"的机遇[J]. 新闻与写作, （6）: 1.

岳英, 万映红, 曹小鹏. 2014. 顾客感知的"服务失败"及其"服务补偿"关系研究[J]. 管理学报，11（6）：876-882.

占小军，曹元坤，李志成. 2017. 心理契约破裂与顾客不文明行为：基于自控视角[J]. 管理评论，29（10）：132-142.

张初兵，侯如靖，易牧农. 2014. 网购服务补救后感知公平、情绪与行为意向的关系[J]. 山西财经大学学报，36（1）：54-64.

张凯，李向阳. 2010. 双边市场中平台企业搭售行为分析[J]. 中国管理科学，18（3）：117-124.

张圣亮，张文光. 2009. 服务补救程度对消费者情绪和行为意向的影响[J]. 北京理工大学学报（社会科学版），11（6）：82-89.

赵冰，涂荣庭，符国群. 2007. 服务失败情况下的消费者信任作用研究[J]. 中国软科学，（2）：118-126.

赵宏霞，才智慧，宋微. 2014. 电子商务环境下关系利益、情感依恋与消费者信任的维系[J]. 经济问题探索，（6）：102-111.

赵慧军，王娟娟. 2019. 中国情境的工作强化研究：结构探索与量表开发[J]. 经济管理，41（5）：192-208.

赵鑫，马钦海. 2015. 顾客心理契约违背效应研究——基于对顾客抱怨行为影响的实证分析[J]. 技术经济与管理研究，（8）：71-75.

赵占波，张钧安，徐惠群. 2009. 基于公平理论探讨服务补救质量影响的实证研究——来自中国电信服务行业的证据[J]. 南开管理评论，12（3）：27-34, 44.

郑昶，徐晓燕. 2012. 数字产品盗版：基于Hotelling模型的竞争分析和政府政策的选择[J]. 科学学与科学技术管理，33（4）：27-33.

郑红娥. 2020. 直播带货：眼球经济下的"商品美学教育"[J]. 人民论坛，（18）：58-60.

郑胜华，陈乐平，丁琼瑶. 2017. 双边平台商业生态系统理论及管理策略[J]. 浙江工业大学学报（社会科学版），16（4）：410-416.

钟科，王海忠，杨晨. 2014. 感官营销战略在服务失败中的运用：触觉体验缓解顾客抱怨的实证研究[J]. 中国工业经济，（1）：114-126.

钟天丽，胡培，孙靖. 2011. 基于外部比较下的服务补救后顾客行为意向的探讨[J]. 管理评论，23（1）：59-67.

周健明，郭国庆，张新圣. 2015. 网络负面谣言与品牌依恋：品牌涉入与品牌信任的作用[J]. 经济管理，37（9）：83-91.

周永生，唐世华，肖静. 2021. 电商直播平台消费者购买意愿研究——基于社会临场感视角[J]. 当代经济管理，（1）：1-11.

周祖城. 2011. 走出企业社会责任定义的丛林[J]. 伦理学研究，（3）：52-58.

朱晓娟，李铭. 2020. 电子商务平台型企业社会责任的正当性及内容分析[J]. 社会科学研究，（1）：28-36.

朱振中，吕廷杰. 2007. 具有负的双边网络外部性的媒体市场竞争研究[J]. 管理科学学报，

（6）：13-23.

卓越，王玉喜.2019.平台经济视野的网约车风险及其监管[J].改革，（9）：83-92.

Aaker J, Fournier S, Brasel S A. 2004. When good brands do bad[J]. Journal of Consumer Research, 31（1）：1-16.

Ahluwalia R, Burnkrant R E, Unnava H R. 2000. Consumer response to negative publicity：the moderating role of commitment[J]. Journal of Marketing Research, 37（2）：203-214.

Ahluwalia R, Unnava H R, Burnkrant R E. 2001. The moderating role of commitment on the spillover effect of marketing communications[J]. Journal of Marketing Research, 38（4）：458-470.

Albuquerque P, Pavlidis P, Chatow U, et al. 2012. Evaluating promotional activities in an online two-sided market of user-generated content[J]. Marketing Science, 31（3）：406-432.

Aleahmad A, Karisani P, Rahgoza R M, et al. 2016. Finder：finding opinion leaders in online social networks[J]. Journal of Information Science, 42（5）：659-674.

Armstrong M. 2006. Competition in two-sided markets[J]. The RAND Journal of Economics, 37（3）：668-691.

Armstrong M, Wright J. 2007. Two-sided markets competitive bottlenecks and exclusive contracts[J]. Economic Theory, 32（2）：353-380.

Babbie E. 2007. The Practice of Social Research[M]. Belmont：Wadsworth.

Bagozzi R P, Gopinath M, Nyer P U. 1999. The role of emotions in marketing[J]. Journal of the Academy of Marketing Science, 27（2）：184-206.

Bambauer-Sachse S, Rabeson L E. 2015. Service recovery for moderate and high involvement services[J]. Journal of Services Marketing, 29（5）：331-343.

Berail P D, Guillon M, Bungener C. 2019. The relations between YouTube addiction, social anxiety and parasocial relationships with YouTubers：a moderated-mediation model based on a cognitive-behavioral framework[J]. Computers in Human Behavior, 99：190-204.

Bijmolt T, Huizingh E K R, Krawczyk A. 2014. Effects of complaint behaviour and service recovery satisfaction on consumer intentions to repurchase on the internet[J]. Internet Research, 24（5）：628-608.

Bitner M J. 1990. Evaluating service encounters：the effects of physical surroundings and employee responses[J]. Journal of Marketing, 54（2）：69-82.

Bitner M J, Booms B H, Mohr L A. 1994. Critical service encounters：the employee's viewpoint[J]. Journal of Marketing, 58（4）：95-106.

Bitner M J, Booms B H, Tetreault M S. 1990. The service encounter：diagnosing favorable and unfavorable incidents[J]. Journal of Marketing, 54（1）：71-84.

Blancero D, Ellram L. 1997. Strategic supplier partnering：a psychological contract perspective[J].

International Journal of Physical Distribution & Logistics Management, 27（9/10）: 616-629.

Blut M, Beatty S E, Evanschitzky H, et al. 2014. The impact of service characteristics on the switching costs-customer loyalty link[J]. Journal of Retailing, 90（2）: 275-290.

Breves P, Amrehn J, Heidenreich A, et al. 2021. Blind trust? The importance and interplay of parasocial relationships and advertising disclosures in explaining influencers' persuasive effects on their followers[J]. International Journal of Advertising, 40（7）: 1-20.

Brockner J, Tyler T R, Cooper-Schneider R. 1992. The influence of prior commitment to an institution on reactions to perceived unfairness: the higher they are, the harder they fall[J]. Administrative Science Quarterly, 37（2）: 241-261.

Burda D, Teuteberg F. 2014. The role of trust and risk perceptions in cloud archiving—results from an empirical study[J]. Journal of High Technology Management Research, 25（2）: 172-187.

Cambra-Fierro J, Melero-Polo I, Sese F J. 2015a. Can complaint-handling efforts promote customer engagement?[J]. Service Business, 10（4）: 1-20.

Cambra-Fierro J, Melero-Polo I, Sese F J. 2015b. Managing complaints to improve customer profitability[J]. Journal of Retailing, 91（1）: 109-124.

Cambra-Fierro J, Melero-Polo I, Sese F J. 2018. Customer value co-creation over the relationship life cycle[J]. Journal of Service Theory and Practice, 28（3）: 336-355.

Casidy R, Shin H. 2015. The effects of harm directions and service recovery strategies on customer forgiveness and negative word-of-mouth intentions[J]. Journal of Retailing & Consumer Services, 27: 103-112.

Chang H, Zhang L. 2019. Psychological contract breach and customer satisfaction: a study of online shopping[J]. Services Marketing Quarterly, 40: 2, 172-188.

Cheung F Y M, To W M. 2016. A customer-dominant logic on service recovery and customer satisfaction[J]. Management Decision, 54（10）: 2524-2543.

Chu J, Manchanda P. 2016. Quantifying cross and direct network effects in online consumer-to-consumer platforms[J]. Marketing Science, 35（6）: 870-893.

Chung S, Cho H. 2017. Fostering parasocial relationships with celebrities on social media: implications for celebrity endorsement[J]. Psychology & Marketing, 34（4）: 481-495.

Churchill G A. 1979. A paradigm for developing better measures of marketing construct[J]. Journal of Marketing Research, 16（1）: 64-73.

Conway N, Briner R B. 2005. Understanding Psychological Contracts at Work: A Critical Evaluation of Theory and Research[M]. Oxford: Oxford University Press.

Daunoriene A, Drakšaite A, Snieška V. 2015. Evaluating sustainability of sharing economy trade market business models[J]. Procedia-Social and Behavioral Sciences, 21（3）: 836-841.

DeWitt T, Nguyen D T, Marshall R. 2008. Exploring customer loyalty following service recovery:

the mediating effects of trust and emotions[J]. Journal of Service Research, 10（3）: 269-281.

Dibble J L, Hartmann T, Rosaen S F. 2016. Parasocial interaction and parasocial relationship: conceptual clarification and a critical assessment of measures[J]. Human Communication Research, 42（1）: 21-44.

Dwyer R F, Schurr P H, Oh S. 1987. Developing buyer-seller relationship[J]. Journal of Marketing, 55: 11-27.

Economides N, Katsamakas E. 2006. Linux vs. windows: a comparison of application and platform innovation incentives for open source and proprietary software platforms[J]. The Economics of Open Source Software Development, 5（7）: 207-218.

Evans D S. 2003. The antitrust economics of multi-sided platform markets[J]. Yale Journal on Regulation, 20（2）: 325-381.

Fang Y H, Chiu C M. 2014. Exploring online double deviation effect from psychological contract violation, emotion, and power perspectives[J]. Pacific Asia Journal of the Association for Information Systems, 6（1）: 39-65.

Fiske S T. 1982. Schema-triggered affect: applications to social perception[C]//Affect and Cognition: The 17th Annual Carnegie Symposium on Cognition: 55-78.

Folkes V S. 1984. Consumer reactions to product failure: an attributional approach[J]. Journal of Consumer Research, 10（4）: 398-409.

Fournier S. 1998. Consumers and their brands: developing relationship theory in consumer research[J]. Journal of Consumer Research, 24（4）: 343-373.

Fournier V. 1999. The appeal to "professionalism" as a disciplinary mechanism[J]. The Sociological Review, 47（2）: 280-307.

Gohary A, Hamzelu B, Alizadeh H. 2016a. Please explain why it happened! How perceived justice and customer involvement affect post co-recovery evaluations: a study of Iranian online shoppers[J]. Journal of Retailing and Consumer Services, 31: 127-142.

Gohary A, Hamzelu B, Pourazizi L. 2016b. A little bit more value creation and a lot of less value destruction! Exploring service recovery paradox in value context: a study in travel industry[J]. Journal of Hospitality and Tourism Management, 29: 189-203.

Goles T, Rao S V, Lee S, et al. 2009. Trust violation in electronic commerce: customer concerns and reactions[J]. Journal of Computer Information Systems, 49（4）: 1-9.

Granovetter M S. 1973. The strength of weak ties[J]. American Journal of Sociology, 78（6）: 347-367.

Grappi S, Romani S, Bagozzi R P. 2013. Consumer response to corporate irresponsible behavior: moral emotions and virtues[J]. Journal of Business Research, 66（10）: 1814-1821.

Grégoire Y, Fisher R J. 2006. The effects of relationship quality on customer retaliation[J]. Marketing

Letters, 17（1）: 31-46.

Grégoire Y, Fisher R J. 2008. Customer betrayal and retaliation: when your best customers become your worst enemies[J]. Journal of the Academy of Marketing Science, 36（2）: 247-261.

Grégoire Y, Tripp T M, Legoux R. 2009. When customer love turns into lasting hate: the effects of relationship strength and time on customer revenge and avoidance[J]. Journal of Marketing, 73（6）: 18-32.

Grewal D, Roggeveen A L, Tsiros M. 2008. The effect of compensation on repurchase intentions in service recovery[J]. Journal of Retailing, 84（4）: 424-434.

Grewal R, Chakravarty A, Saini A. 2010. Governance mechanisms in business-to-business electronic markets[J]. Journal of Marketing, 74（4）: 45-62.

Gronroos C. 1988. Service quality: the six criteria of good perceived service quality[J]. Review of Business, 9（3）: 10-13.

Guo L, Gruen T W, Tan C. 2015. Seeing relationships through the lens of psychological contracts: the structure of consumer service relationships[J]. Journal of the Academy of Marketing Science, 45（3）: 357-376.

Hackman D, Gundergan S P, Wang P, et al. 2006. A service perspective on modelling intentions of on-line purchasing[J]. Journal of Services Marketing, 20（7）: 459-470.

Hartmann T, Goldhoorn C. 2011. Horton and Wohl revisited: exploring viewers' experience of parasocial interaction[J]. Journal of Communication, 61（6）: 1104-1121.

Hayes A F. 2013. Introduction to Mediation, Moderation, and Conditional Process Analysis: A Regression-Based Approach [M]. New York: Guilford Press.

Hays J M, Hill A V. 2001. A preliminary investigation of the relationships between employee motivation/vision, service learning, and perceived service quality[J]. Journal of Operations Management, 19（3）: 335-349.

Henderson K E, Welsh E T, O'Leary-Kelly A M. 2020. "Oops, I did it" or "it wasn't me: " an examination of psychological contract breach repair tactics[J]. Journal of Business and Psychology, 35（3）: 347-362.

Hess R L. 2008. The impact of firm reputation and failure severity on customers' responses to service failures[J]. Journal of Services Marketing, 22（5）: 385-398.

Hill J A, Eckerd S, Wilson D, et al. 2009. The effect of unethical behavior on trust in a buyer-supplier relationship: the mediating role of psychological contract violation[J]. Journal of Operations Management, 27（4）: 281-293.

Hinkin T R. 2005. Foundations and Methods in Inquiry-Scale Development Principles and Practices[M]. San Francisco: Berrett-Koehler Publishers.

Hoffman K D, Kelley S C, Rotalsky H M. 1995. Tracking service failures and employee recovery efforts[J]. Journal of Services Marketing, 9（2）: 49-61.

Holloway B B, Beatty S E. 2008. Satisfiers and dissatisfiers in the online environment[J]. Journal of Service Research, 10（4）: 347-364.

Homans G C. 1958. Social behavior as exchange[J]. American Journal of Sociology, 63（6）: 597-606.

Horton D, Wohl R R. 1956. Mass communication and para-social interaction: observations on intimacy at a distance[J]. Psychiatry-Interpersonal & Biological Processes, 19（3）: 215-229.

Hu M, Zhang M, Wang Y. 2017. Why do audiences choose to keep watching on live video streaming platforms? An explanation of dual identification framework[J]. Computers in Human Behavior, 75: 594-606.

Huang W H, Lin T D. 2011. Developing effective service compensation strategies is a price reduction more effective than a free gift?[J]. Journal of Service Management, 22（2）: 202-216.

Hwang K, Zhang Q. 2018. Influence of parasocial relationship between digital celebrities and their followers on followers' purchase and electronic word-of-mouth intentions, and persuasion knowledge[J]. Computers in Human Behavior, 87: 155-173.

Iansiti M, Levien R. 2004. Strategy as ecology[J]. Harvard Business Review, 82（3）: 68-78.

Iglesias V. 2009. The attribution of service failures: effects on consumer satisfaction[J]. Service Industries Journal, 29（2）: 127-141.

Jasper C R, Waldhart P. 2013. Internet and distance channel use and European consumer complaint behavior[J]. International Review of Retail Distribution & Consumer Research, 23（2）: 137-151.

Johnston T C, Hewa M A. 1997. Fixing service failures[J]. Industrial Marketing Management, 26（5）: 467-473.

Kaiser U, Wright J. 2006. Price structure in two-sided markets: evidence from the magazine industry[J]. International Journal of Industrial Organization, 24（1）: 1-28.

Kim D J, Ferrin D L, Rao H R. 2009. Trust and satisfaction, two stepping stones for successful e-commerce relationships: a longitudinal exploration[J]. Information Systems Research, 20（2）: 237-257.

Kingshott R P J, Pecotich A. 2007. The impact of psychological contracts on trust and commitment in supplier-distributor relationships[J]. European Journal of Marketing, 41（9/10）: 1053-1072.

Lee J S, Pan S, Tsai H. 2013. Examining perceived betrayal, desire for revenge and avoidance, and the moderating effect of relational benefits[J]. International Journal of Hospitality Management, 32（1）: 80-90.

Lim J S, Choe M J, Zhang J, et al. 2020. The role of wishful identification, emotional engagement, and parasocial relationships in repeated viewing of live-streaming games: a social cognitive theory perspective[J]. Computers in Human Behavior, 108: 106327.

Lopes E L, Silva M. 2015. The effect of justice in the history of loyalty: a study in failure recovery in the retail context[J]. Journal of Retailing & Consumer Services, 24: 110-120.

Lou C, Kim H K. 2019. Fancying the new rich and famous? Explicating the roles of influencer content, credibility, and parental mediation in adolescents' parasocial relationship, materialism, and purchase intentions[J]. Frontiers in Psychology, 10: 2567.

Lusch R F, Brown J R. 1996. Interdependency, contracting, and relational behavior in marketing channels[J]. Journal of Marketing, 60(4): 19-38.

Mair J, Reischauer G. 2017. Capturing the dynamics of the sharing economy: institutional research on the plural forms and practices of sharing economy organizations[J]. Technological Forecasting and Social Change, 125(12): 11-20.

Malhotra N, Sahadev S, Purani K. 2017. Psychological contract violation and customer intention to reuse online retailers: exploring mediating and moderating mechanisms[J]. Journal of Business Research, 75: 17-28.

Mattila A S. 2001. The effectiveness of service recovery in a multi-industry setting[J]. Journal of Services Marketing, 15(7): 583-596.

Maxham J G, Netemeyer R G. 2002. Modeling customer perceptions of complaint handling over time: the effects of perceived justice on satisfaction and intent[J]. Journal of Retailing, 78(4): 239-252.

Mayer R C, Davis J H, Schoorman F D. 1995. An integrative model of organizational trust[J]. Academy of Management Review, (3): 709-734.

McCollough M A, Berry L L, Yadav M S. 2000. An empirical investigation of customer satisfaction after service failure and recovery[J]. Journal of Service Research, 3(2): 121-137.

McKnight D H, Cummings L L, Chervany N L. 1998. Initial trust formation in new organizational relationships[J]. Academy of Management Review, 23(3): 473-490.

Mohr L A, Bitner M J. 1995. Process factors in service delivery: what employee effort means to customers[J]. Advances in Services Marketing and Management, 4(C): 91-117.

Montgomery N V, Raju S, Desai K K, et al. 2017. When good consumers turn bad: psychological contract breach in committed brand relationships[J]. Journal of Consumer Psychology, 28(3): 437-449.

Morales A C, Eugenia C W U, Fitzsimons G J. 2012. How disgust enhances the effectiveness of fear appeals[J]. Journal of Marketing Research, 49(3): 383-393.

Morrison E W, Robinson S L. 1997. When employees feel betrayed: a model of how psychological contract violation develops[J]. Academy of Management Review, 22(1): 226-256.

Mostafa R B, Lages C R, Shabbir H A, et al. 2015. Corporate image: a service recovery perspective[J]. Journal of Service Research, 18(4): 468-483.

Nikbin D, Ismail I, Marimuthu M. 2013. The relationship between informational justice, recovery satisfaction, and loyalty: the moderating role of failure attributions[J]. Service Business, 7(3): 419-435.

Nunnally J C. 1978. Psychometric Theory[M]. New York: McGraw-Hill.

Oliver R L. 1993. Cognitive, affective, and attribute bases of the satisfaction response[J]. Journal of Consumer Research, 20(3): 418-430.

Oliver R L. 1999. Expectation processes in satisfaction formation[J]. Journal of Service Research, 1(3): 196-214.

Oliver R L, Swan J E. 1989. Equity and disconfirmation perceptions as influences on merchant and product satisfaction[J]. Journal of Consumer Research, 16(3): 372-383.

Park J, Ha S. 2016. Co-creation of service recovery: utilitarian and hedonic value and post-recovery responses[J]. Journal of Retailing and Consumer Services, 28: 310-316.

Park J, Kyeong-Heui K, Jung K K. 2002. Acceptance of brand extensions: interactive influences of product category similarity, typicality of claimed benefits, and brand relationship quality[J]. Advances in Consumer Research, 29(1): 190-198.

Pavlou P A, Gefen D. 2005. Psychological contract violation in online marketplaces: antecedents, consequences, and moderating role[J]. Information Systems Research, 16(4): 372-399.

Raju S, Unnava H R, Montgomery N V. 2009. The effect of brand commitment on the evaluation of nonpreferred brands: a disconfirmation process[J]. Journal of Consumer Research, 35(5): 851-863.

Reynolds K E, Folse J, Jones M A. 2006. Search regret: antecedents and consequences[J]. Journal of Retailing, 82(4): 339-348.

Robinson S L. 1996. Trust and breach of the psychological contract[J]. Administrative Science Quarterly, 41(4): 574-599.

Robinson S L, Morrison E W. 1995. Psychological contracts and OCB: the effect of unfulfilled obligations on civic virtue behavior[J]. Journal of Organizational Behavior, 16(3): 289-298.

Robinson S L, Morrison E W. 2000. The development of psychological contract breach and violation: a longitudinal study[J]. Journal of Organizational Behavior, 21(5): 525-546.

Roehling M V. 1997. The origins and early development of the psychological contract construct[J]. Journal of Management History, 3(2): 204-217.

Roggeveen A L, Tsiros M, Grewal D. 2012. Understanding the co-creation effect: when does collaborating with customers provide a lift to service recovery?[J]. Journal of the Academy of Marketing Science, 40(6): 771-790.

Rousseau D M. 1989. Psychological and implied contracts in organizations[J]. Employee

Responsibilities & Rights Journal, 2（2）：121-139.

Rousseau D M. 1990. New hire perceptions of their own and their employer's obligations: a study of psychological contracts[J]. Journal of Organizational Behavior, 11（5）：389-400.

Rousseau D M. 1995. Psychological Contracts in Organizations: Understanding Written and Unwritten Agreement[M]. New York: Sage Publications.

Rousseau D M. 2001. Schema, promise and mutuality: the building blocks of the psychological contract[J]. Journal of Occupational and Organizational Psychology, 74（4）：511-541.

Rubin A M, Perse E M. 1987. Audience activity and soap opera involvement a uses and effects investigation[J]. Human Communication Research, 14（2）：246-268.

Rust R T, Oliver R L. 2000. Should we delight the customer?[J]. Journal of the Academy of Marketing Science, 28（1）：86-94.

Santouridis I, Tsachtani E. 2015. Investigating the impact of CRM resources on CRM processes: a customer life-cycle based approach in the case of a greek bank[J]. Procedia Economics and Finance, 19: 304-313.

She S, Xu H, Wu Z, et al. 2020. Dimension, content, and role of platform psychological contract: based on online ride-hailing users[J]. Frontiers in Psychology, 11: 2097.

Sherman U P, Morley M J. 2018. Organizational inputs to the formation of the expatriate psychological contract: towards an episodic understanding[J]. The International Journal of Human Resource Management, 29（8）：1513-1536.

Singh J, Sirdeshmukh D. 2000. Agency and trust mechanisms in consumer satisfaction and loyalty judgments[J]. Journal of the Academy of Marketing Science, 28（1）：150-167.

Smith A K, Bolton R N, Wagner J. 1999. A model of customer satisfaction with service encounters involving failure recovery[J]. Journal of Marketing Research, 36（3）：356-372.

Soares M E, Mosquera P. 2019. Fostering work engagement: the role of the psychological contract[J]. Journal of Business Research, 101: 469-476.

Sousa R, Voss C A. 2009. The effects of service failures and recovery on customer loyalty in e-services: an empirical investigation[J]. International Journal of Operations & Production Management, 29（7/8）：834-864.

Sturges J, Conway N, Guest D, et al. 2005. Managing the career deal: the psychological contract as a framework for understanding career management[J]. Journal of Organizational Behavior, 26（7）：821-838.

Sun M, Tse E. 2009. The resource-based view of competitive advantage in two-sided markets[J]. Journal of Management Studies, 46（1）：45-64.

Swanson S R, Kelley S W. 2013. Service recovery attributions and word-of-mouth intentions[J]. European Journal of Marketing, 35（1/2）：194-211.

Tax S S, Brown S W, Chandrashekaran M. 1998. Customer evaluations of service complaint experiences: implications for relationship marketing[J]. Journal of Marketing, 62（2）: 60-76.

Tong J. 2017. A study on the effect of web live broadcast on consumers' willingness to purchase[J]. Open Journal of Business and Management, 5（2）: 280-289.

Tukachinsky R H. 2011. Para-romantic love and para-friendships: development and assessment of a multiple-parasocial relationships scale[J]. American Journal of Media Psychology, 3（1/2）: 73-94.

Uhlbien M, Maslyn J M. 2003. Reciprocity in manager-subordinate relationships: components, configurations, and outcomes[J]. Journal of Management, 29（4）: 511-532.

Vargo S L, Lusch R F. 2004. Evolving to a new dominant logic for marketing[J]. Journal of Marketing, 68（1）: 1-17.

Vargo S L, Lusch R F. 2008. Service-dominant logic: continuing the evolution[J]. Journal of the Academy of Marketing Science, 36（1）: 1-10.

Vargo S L, Lusch R F. 2016. Institutions and axioms: an extension and update of service-dominant logic[J]. Journal of the Academy of Marketing Science, 44（1）: 5-23.

Vázquez-Casielles R, Iglesias V, Varela-Neira C. 2016. Co-creation and service recovery process communication: effects on satisfaction, repurchase intentions, and word of mouth[J]. Service Business, 11（2）: 1-23.

Wan L C, Hui M K, Wyer R S. 2011. Role of relationship norms in responses to service failures[J]. Journal of Consumer Research, 38（2）: 260-277.

Wang S, Huff L C. 2007. Explaining buyers' responses to sellers' violation of trust[J]. European Journal of Marketing, 41（9/10）: 1033-1052.

Weiner B. 1972. Theories of Motivation: From Mecha-nism to Cognition[M]. Chicago: Rand McNally.

Weiner B. 1985a. An attributional theory of achievement motivation and emotion[J]. Psychological Review, 92（4）: 548-573.

Weiner B. 1985b. Spontaneous causal thinking[J]. Psychological Bulletin, 99（2）: 186-200.

Wen B, Chi C. 2013. Examine the cognitive and affective antecedents to service recovery satisfaction[J]. International Journal of Contemporary Hospitality Management, 25（3）: 306-327.

Wen H C, Yuan C Y, Liu M T, et al. 2019. The effects of outward and inward negative emotions on consumers' desire for revenge and negative word of mouth[J]. Online Information Review, 43（5）: 818-841.

Wongkitrungrueng A, Assarut N. 2020. The role of live streaming in building consumer trust and engagement with social commerce sellers[J]. Journal of Business Research, 117: 543-556.

Woodruff R B. 1997. Customer value: the next source for competitive advantage[J]. Journal of the Academy of Marketing Science, 25 (2): 139.

Xiang L, Zheng X, Lee M K O, et al. 2016. Exploring consumers' impulse buying behavior on social commerce platform: the role of parasocial interaction[J]. International Journal of Information Management, 36 (3): 333-347.

Xie C, Bagozzi R P, Gronhaug K. 2015. The role of moral emotions and individual differences in consumer responses to corporate green and non-green actions[J]. Journal of the Academy of Marketing Science, 43 (3): 333-356.

Xu Y, Tronvoll B, Edvardsson B. 2014. Recovering service failure through resource integration[J]. The Service Industries Journal, 34 (16): 1253-1271.

Yuan C, Moon H, Wang S, et al. 2021. Study on the influencing of B2B parasocial relationship on repeat purchase intention in the online purchasing environment: an empirical study of B2B e-commerce platform[J]. Industrial Marketing Management, 92: 101-110.

Zeelenberg M, Pieters R. 2004. Beyond valence in customer dissatisfaction: a review and new findings on behavioral responses to regret and disappointment in failed services[J]. Journal of Business Research, 57 (4): 445-455.

Zhao X, Fu N, Taylor S, et al. 2020. The dynamic process of customer psychological contracts in a service context[J]. International Journal of Market Research, 62 (6): 707-724.

Zhu Z, Nakata C, Sivakumar K, et al. 2013. Fix it or leave it? Customer recovery from self-service technology failures[J]. Journal of Retailing, 89: 15-29.

后　　记

　　本书是由国家自然科学基金项目"平台生态圈服务失败溢出效应及补救策略：心理契约视角"（71862009）资助的成果。在此项目的资助下，课题负责人佘升翔教授和课题组成员对平台消费者开展了一系列访谈、调查与实验，并得到了参与人员的支持与配合，特此对所有的研究者及参与者表示衷心的感谢！

　　本书的顺利完成，是课题组成员通力合作的结果。在整个研究过程中，广州工商学院商学院佘升翔教授从研究方案的设计、实施到书稿的撰写与完善，都投入了大量的时间和精力。四川省高等学校人文社会科学重点研究基地——四川中小学安全教育与管理研究中心、成都师范学院的陈璟教授作为佘升翔教授的合作者，在研究被试的招募、研究方案的完善与实施、书稿的撰写与统稿工作中也做出了重要贡献，其工作量在本书总工作量中占比超过二分之一；贵州财经大学市场营销专业硕士研究生许浩然亦在部分研究实施与书稿校对中起到了重要作用。此外，贵州财经大学徐大佑教授和杨建春教授、海南大学童泽林教授和浙江财经大学董蕊副教授对课题研究提出了宝贵的建设性意见。谨对以上人员致以诚挚的谢意！

　　本书在撰写过程中参考了大量国内外相关研究成果，并详尽地在正文和参考文献里列出，在此表示感谢。书中难免存在不足之处，敬请批评指正！

著　者

2023 年 4 月

2